Arthur Schopenhauer zur Einführung

Volker Spierling

Arthur Schopenhauer zur Einführung

JUNIUS

Junius Verlag GmbH
Stresemannstraße 375
22761 Hamburg
Im Internet: www.junius-verlag.de

Umschlaggestaltung: Florian Zietz
Titelfoto: Archiv Gerstenberg
Satz: Druckhaus Dresden
Druck: Druckhaus Dresden
Printed in Germany 2006
ISBN-10 3-88506-631-9
ISBN-13 978-3-88506-631-6
2., überarb. Aufl. 2006

Die Deutsche Bibliothek – CIP-Einheitsaufnahme

Bibliografische Information Der Deutschen Nationalbibliothek
Die Deutsche Nationalbibliothek verzeichnet diese Publikation in der Deutschen Nationalbibliografie; detaillierte bibliografische Daten sind im Internet über <http://dnb.ddb.de> abrufbar

Inhalt

Schopenhauers Werke werden nach der Ausgabe von Arthur Hübscher zitiert, worüber die Literaturhinweise im Anhang Rechenschaft geben. Dort werden auch die verwendeten Siglen erklärt. Bei den Zitatangaben folgt der Sigle noch, soweit dies möglich und sinnvoll ist, die Angabe des Kapitels oder Paragraphen, sodass auch andere Schopenhauer-Ausgaben mit relativ geringem Aufwand verwendet werden können. Die Angabe »W II, Kap. 41, 540« z.B. bedeutet: Die Welt als Wille und Vorstellung, Band II, Kapitel 41, S. 540.

1. Einleitung

Der Pessimist in Frankfurt

»Schopenhauer, so erzählt man, ließ sich eines Tages überreden, einen Ausflug in den Taunus mitzumachen. Dabei geschah es, daß ein Vogel sich nicht so benahm, wie sich's geziemt hätte – und daß ausgerechnet auf der blütenweißen Weste eines Gastes ein garstiger Klecks zu sehen war.

›Sehen Sie‹, spottete Schopenhauer, ›wie recht ich mit meiner Auffassung habe, daß wir in der schlechtesten aller denkbaren Welten leben?‹

›Im Gegenteil‹, sagte der so schmählich Getroffene. ›Ich finde unsere Welt immer noch leidlich. Stellen Sie sich vor, die Kühe flögen in der Luft herum!‹«[1]

Die Anekdote, die in der Nähe von Frankfurt am Main spielt, wo Schopenhauer von 1833 bis zu seinem Tod 1860 lebt, ist vermutlich frei erfunden. Sie trifft aber etwas Charakteristisches: Schopenhauers Pessimismus, der seit eh und je als maßlos übertrieben empfunden wird und zum Lächerlichmachen – oder einer anderen Art der Abwehr – geradezu herausfordert.

In unserer Anekdote bleibt die gute Laune noch erhalten. Spott und Schmähung bringen die Stimmung nicht zum Kippen. Es fehlt allerdings nicht viel und Schopenhauer selbst stünde als der eigentliche freche Vogel da, der blütenweiße Westen mit trübseligen Reden vollkleckst und den Spaß aller verdirbt.

Schopenhauers Mutter, die Schriftstellerin Johanna Schopenhauer, hat denn auch tatsächlich mit ihrem Sohn wegen dessen übellaunigen Schwarzsehens heftige Auseinandersetzungen. In

Weimar 1807 wirft sie ihm vor, er vergraule mit seinen missmutigen und rechthaberischen Reden, die zudem keinen Widerspruch dulden, die illustren Gäste ihres Salons. Nach dem Tod ihres Mannes, des reichen Großkaufmanns Heinrich Floris Schopenhauer, im Jahr 1805 lädt Johanna Schopenhauer große Persönlichkeiten der Stadt zum Tee ein, zu denen zum Beispiel Goethe und Wieland gehören. Diese Gäste müssen es sich gefallen lassen, von dem jungen Erwachsenen über den wirklichen Zustand der Welt ausführlich belehrt zu werden. Schopenhauer, der 1788 in Danzig geboren wurde, ist zu diesem Zeitpunkt neunzehn Jahre alt. Er holt gerade nach einer abgebrochenen Kaufmannslehre das Abitur nach, um die vom Vater verworfene Gelehrtenlaufbahn doch noch einzuschlagen.

Die Mutter wehrt sich gegen die Eingriffe des Sohnes in ihre Belange und zieht ihm in ihren Briefen deutliche Grenzen. Am 13. Dezember 1807 schreibt sie: »An meinen Gesellschaftstagen kannst du abends bei mir essen, wenn du dich dabey des leidigen Disputirens, das mich auch verdrießlich macht, wie auch alles Lamentirens über die dumme Welt und das menschliche Elend enthalten willst, weil mir das immer eine schlechte Nacht und üble Träume macht und ich gern gut schlafe.« (BW I, 145) In einem anderen Brief heißt es: »Genug, Arthur, du bringst die Menschen gegen dich auf ohne Noth, sie mißhandeln dich dafür, das ist in der Regel und geschieht dir gewiß, du magst unter Philistern oder schönen Geistern leben; niemand wird ein Betragen wie das deinige dulden und du mußt entweder dich ändern oder du gehst zu Grunde. Du wirst zu Grund und Boden getreten werden.« (BW I, 141)[2]

Schopenhauer eckt mit seinen Provokationen und seinem »barschen Naturell«[3] allenthalben an. Ein Beispiel hierfür sind seine Zusammenstöße mit deutschen Künstlern und Gelehrten 1819 im Café Greco in Rom. Der erste Band des Hauptwerks

Die Welt als Wille und Vorstellung ist soeben erschienen, und Schopenhauer befindet sich auf einer einjährigen Italienreise. Ein Zeitzeuge erinnert sich: »Nur der ›Philosoph‹ Arthur *Schopenhauer* [...] bildete mit seinen mephistophelischen Witzen eine Zeitlang ein störendes Element unter den Genossen [im Café Greco]; als er sich aber einmal zu der Behauptung verstieg: die deutsche Nation sei von allen die dümmste, habe aber gleichwohl ein Übergewicht über die andern erlangt, weil sie gar keine Religion besitze, da erhob sich unter den Anwesenden ein Sturm der Entrüstung und mehrere Stimmen drangen darauf: ›laßt uns den Kerl hinauswerfen‹. Seitdem hütete sich der ›Philosoph‹ vor dem Café Greco.«[4]

1833 findet Schopenhauer in Frankfurt einen »guten Ort für eine Eremitage«. Eine schwere Zeit liegt hinter ihm: das Scheitern der Universitätskarriere in Berlin, wo er sich 1820 habilitierte (Desinteresse der Studenten), seine völlige Nichtbeachtung (Einstampfung des Hauptwerks zu Altpapier), Erkrankungen (Ohrenleiden, Depressionen), Misserfolge (verlorener Prozess wegen Körperverletzung der Näherin Caroline Marquet), Absagen von Verlagen (Übersetzungspläne), finanzielle Verluste (Schmälerung des väterlichen Erbes), enttäuschte Hoffnungen (Liebesbeziehung zur Chorsängerin und Schauspielerin Caroline Richter).

Für die Wahl der »cholerafreien« Stadt Frankfurt mit ihren damals etwa 60 000 Einwohnern gibt es mehrere gute Gründe. Für die Stadt, eine der bedeutendsten und wohlhabendsten Deutschlands, sprechen die Bibliotheken, die Museen, die abwechslungsreichen kulturellen Angebote, aber auch die schöne Gegend, die einladenden Kaffeehäuser, das gute Wasser sowie, von Schopenhauer eigens erwähnt, ein »geschickter Zahnarzt«. Hier will er sich ins Privatleben zurückziehen, von seinem väterlichen Erbe leben und sich ausschließlich seiner philosophischen Schriftstellerei widmen. Seiner neun Jahre jüngeren Schwester Adele teilt er mit: »Frkft ist *a comfortable place.*« Nach einem Gedankenstrich fügt er als Schlusssatz hinzu: »Menschen sind mir nichts, nirgends.« (B, 152)

Mit den Frankfurtern kann Schopenhauer wenig anfangen, ebenso wenig wie sie mit ihm – zunächst. 1838 schreibt er in einem Brief: »Für die Frankfurter [ist] Frankfurt die Welt, was draußen liegt ist aus der Welt. Es ist eine kleine, steife, innerlich rohe, Municipal-aufgeblasene, bauernstolze Abderiten-Nation, der ich mich nicht gern nähere. Ich lebe als Einsiedler und ganz allein meiner Wissenschaft.« (B, 175)

Schopenhauer nennt die Frankfurter gern die »Abderiten dieses Abdera«, also etwa beschränkte Kleinbürger oder Schildbürger, und fühlt sich unter ihnen als herausragender Demokrit. Beim Spaziergang erregt er sich laut hörbar über die »Klötze«, die »nicht rechts ausweichen wollen! Jeder Engländer hält sich stets rechts.« Auch ahmt er den schwerfälligen Gang der »Klötze« virtuos nach und gibt komplizierte gehirnphysiologische Erklärungen ihrer Gliederbewegungen.[5] Unterdessen hält Schopenhauer selbst während seiner raschen Spaziergänge lebhafte, laut gestikulierende Selbstunterhaltungen und gibt seinerseits den Frankfurtern genügend Stoff für Klatsch und Parodie.

Er lebt in diesen Jahren abseits von den Zentren der akademischen Wissenschaft als »privatisirender Fremder«, zurückgezogen und inkognito, bisweilen identifiziert als unbekannter Sohn der bekannten Schriftstellerin Johanna Schopenhauer, deren 24 Bände umfassende *Sämtliche Schriften* gerade erschienen sind.[6] Äußerlich erscheint er als wunderlicher Sonderling, gekleidet in altmodischer Tracht, stets begleitet von seinem Pudel; innerlich fühlt er sich als ein Fremder unter Fremden in einem ihm fremden Zeitalter: »*Mein Zeitalter und ich* passen nicht für einander.« (HN IV 1, 216)

In Frankfurt schreibt Schopenhauer die meisten seiner Werke, die alle dem Gedankenkreis des ersten Bandes der *Welt als Wille und Vorstellung* (1819) verpflichtet bleiben: *Ueber den Willen in der Natur* (1836; Naturphilosophie, Metaphysik), *Die beiden Grundprobleme der Ethik* (1841), den zweiten Band der *Welt als Wille und Vorstellung* (1844) und *Parerga und Paralipomena* (1851, 2 Bde.; kleine philosophische Schriften). Nicht zu vergessen die wichtige zweite, sehr verbesserte und erweiterte Auflage seiner Schrift *Ueber die vierfache Wurzel des Satzes vom zureichenden Grunde* (1847; Erkenntnistheorie), die aus der Dissertation von 1813 hervorgeht.

Im zweiten Band der *Welt als Wille und Vorstellung* und in den *Parerga und Paralipomena* treibt Schopenhauer seinen Pessimismus auf die Spitze: »Diese Welt [ist] die *schlechteste* unter den möglichen [...] wäre sie aber noch ein wenig schlechter, so könnte sie schon nicht mehr bestehn.« (W II, Kap. 46, 669) In den »Aphorismen zur Lebensweisheit«, die in den *Parerga und Paralipomena* enthalten sind und die wesentlich dazu beitragen, dass Schopenhauer nach 1850 berühmt wird, heißt es: »Es ist wirklich die größte Verkehrtheit, diesen Schauplatz des Jammers in einen Lustort verwandeln zu wollen und, statt der möglichsten Schmerzlosigkeit, Genüsse und Freuden sich zum Ziele zu stecken; wie doch so Viele thun. Viel weniger irrt wer, mit zu finsterm Blicke, diese Welt als eine Art Hölle ansieht und demnach nur darauf bedacht ist, sich in derselben eine feuerfeste Stube zu verschaffen. Der Thor läuft den Genüssen des Lebens nach und sieht sich betrogen: der Weise vermeidet die Uebel.« (P I, Kap. V, 433)

In den Frankfurter Werken nimmt Schopenhauer kein Blatt mehr vor den Mund. Mit stärkster Heftigkeit prangert er die größte Sünde des Materialismus, ja der Philosophie überhaupt an, die Kant-Vergessenheit: »Es ist unerträglich, wie heut zu

Tage die Schweine in den Tag hinein naturalisiren, ohne alle Ahndung der Kantischen Transscendentalphilosophie.« (B, 382) Und die Hasstiraden gegen seinen Antipoden Hegel, dem er an der Berliner Universität die Schau nicht stehlen konnte, kennen keine Grenzen mehr: »Philosophie des absoluten Unsinns« (N, 7), »Afterphilosophie« (W II, Kap. 38, 505), »Schauplatz des Ballets der Selbstbewegung der Begriffe« (G, § 34, 123).

Im letzten Lebensjahrzehnt bis zu seinem Tod 1860 genießt Schopenhauer seine wachsende Bedeutung und internationale Anerkennung. Die Huldigungsschreiben und Huldigungsbesuche kommentiert er mit: »Der Nil ist bei Kairo angelangt.« (B, 374) Richard Wagner schickt ihm beispielsweise 1854 den *Ring des Nibelungen*, versehen mit der handschriftlichen Widmung »Aus Verehrung und Dankbarkeit«. Im selben Jahr veröffentlicht Julius Frauenstädt seine *Briefe über die Schopenhauer'sche Philosophie.*[7] Die philosophische Fakultät der Universität Leipzig schreibt 1856 eine *Darlegung und Kritik der Schopenhauerschen Philosophie* als Preisaufgabe aus.[8] Francesco de Sanctis veröffentlicht 1858 in Italien seinen Dialog *Schopenhauer e Leopardi.*[9] 1859 überredet ihn mit viel Charme die Bildhauerin Elisabeth Ney, »eine schöne junge Dame«, eine Büste von ihm machen zu dürfen, was vier glückliche Wochen dauert: »Sie arbeitet den ganzen Tag bei mir. Wenn ich vom Essen komme, trinken wir zusammen Kaffee, sitzen beieinander auf dem Sopha, da komme ich mir dann vor wie verheiratet.«[10] – Schopenhauer lebt jetzt gern und wünscht sich, neunzig Jahre alt zu werden.

Zur Herbstmesse 1856 wird in Frankfurt eine große Seltenheit in Europa gezeigt, ein lebender junger Orang-Utan. Für Schopenhauer geht damit ein lang gehegter Wunsch in Erfüllung. Er besucht das »melancholische Thier« fast täglich und kann sich von dessen Anblick nur schwer losreißen. Schon 1851 hatte er in den *Parerga und Paralipomena* spekuliert, dass der Mensch biologisch gesehen »in Asien vom Pongo (dessen Junges Orang-Utan heißt)« (P II, § 91, 163) abstamme. Seinem Gesprächspartner Carl Georg Bähr berichtet er, das junge Tier habe ihn umarmt, und er führt ihm die Umarmung pantomimisch vor.[11]

1856 verschönert Schopenhauer seine Wohnung am Mainkai, die eher den Eindruck eines Absteigequartiers macht, indem er eine soeben erworbene tibetanische Buddhastatue im Wohnzimmer aufstellt. Mit Freude und Stolz schreibt er an Frauenstädt: »Da werden die Besucher, die ohnehin meist mit heiligem Schauder und konsiderablen Manschetten eintreten, gleich merken, wo sie sind, in diesen heiligen Hallen. Käme doch der Herr Pastor Kalb aus Sachsenhausen, der von der Kanzel gekeucht hat, ›daß gar der Buddhaismus eingeführt werde in christlichen Landen.‹« (B, 390; vgl. B, 394)

Mittags und abends isst Schopenhauer im Hotel »Englischer Hof«. Stets begleitet ihn sein Pudel, den er in der Öffentlichkeit gern provokativ »Mensch« ruft. Der Hund ist ihm Intelligenz ohne menschliche Verstellung, sein Verhalten erscheint ihm »durchsichtig wie ein Glas«[12]. Gut beglaubigt ist folgende Anekdote, die zu Schopenhauers Lebzeiten in Frankfurt die Runde macht:

> »Einst kam ein Reisender an unsere Tafel und erzählte ein neu vorgefallenes allerliebstes Stücklein von einem Hunde. Schopenhauer hörte mit höchster Spannung die Erzählung an und sagte: Ja, was Sie da mitteilen, ist gewiß wahr. Ich erkenne darin meine Hunde. Sie stehen über den Menschen. Ich habe [...] einen Pudel, und wenn der etwas Garstiges thut, so sage ich ihm: pfui, du bist kein Hund, du bist nur ein Mensch. Ein Mensch, ein Mensch! Pfui, schäme dich. Dann schämt er sich und legt sich in seine Ecke. Alles schwieg und Schopenhauer grinste fürchterlich. [...] Da sagte ich ihm mit lauter Stimme: Herr Doktor, einem solchen, der seinem Hund, wenn er ihn beschimpfen will, Mensch sagt, einem solchen kann man, wenn man ihn ehren will, sagen: Du Hund [...]. Schopenhauer sagte: Ja, ich habe nichts dagegen.«[13]

Ein einziger Gedanke

Der Philosophie Schopenhauers liegt ein einziger Gedanke zugrunde. Der Titel des Hauptwerks – *Die Welt als Wille und Vorstellung* – formuliert ihn kurz und bündig. Er besagt, dass »diese Welt, in der wir leben und sind, ihrem ganzen Wesen nach, durch und durch *Wille* und zugleich durch und durch *Vorstellung* ist« (W I, § 29, 193). Dieser Gedanke wird im Folgenden kurz resümiert und in den späteren Kapiteln, die die einzelnen Werke behandeln, ausgeführt und vertieft.

Mit »Welt als Vorstellung« meint Schopenhauer, dass die unermessliche Außenwelt ihr »Dasein« nur im Bewusstsein erkennender Wesen hat. Die Welt des Menschen ist eine Welt des Bewusstseins. Vorstellungswelt heißt Bewusstseinswelt. Diese Welt ist vordergründig, sie ist Erscheinung, nicht Wesen. Mit »Welt als Wille« ist das gemeint, was die Welt darüber hinaus noch ist, insofern sie nicht Vorstellung ist. Unabhängig von der Vorstellung ist die Welt an sich betrachtet Wille. Der Wille ist das Wesen der Welt. Der *eine* Gedanke besagt also: Die Welt ist Vorstellung (Erscheinungswelt) und zugleich Wille (Wesen oder Ding an sich). Diesem Gedanken, dessen Entfaltung die Philosophie Schopenhauers ausmacht, ist von Anfang an ein pessimistischer Grundzug eingeschrieben. Die Welt ist voller Übel und nicht in Ordnung. »*Alles Leben* [ist] *Leiden.*« (W I, § 56, 366)

Je nachdem von welchem Gesichtspunkt aus der eine Gedanke betrachtet wird, zeigt er sich als Erkenntnistheorie, Metaphysik, Ästhetik oder Ethik. Schopenhauers zweibändiges Hauptwerk gliedert sich dieser Einteilung entsprechend je Band in vier Bücher (Teile). Dabei werden die vier Bücher des ersten Bands jeweils durch die vier Bücher des zweiten Bands ergänzt. Auch Schopenhauers übrige Werke lassen sich thematisch einem oder mehreren dieser vier Bücher zuordnen und als zusätzliche Ergänzungen des Hauptwerks lesen.

Methodisch – aber auch inhaltlich – gesehen stellt der eine Gedanke einen »organischen« Zusammenhang, ein »Ganzes« dar. Kein Teil soll herausgebrochen und verabsolutiert werden. Jeder Teil wird durch Standortwechsel von den übrigen vervollständigt und relativiert. Um einen Teil verstehen zu können, muss bereits das Ganze verstanden worden sein, weshalb Schopenhauer ein zweimaliges Lesen seines Hauptwerks fordert.

Die *Erkenntnistheorie* (1. Buch) thematisiert mit ihrer »idealistischen Grundansicht«, dass uns nur das Bewusstsein unmittelbar gegeben ist. Keiner kann aus seinem Bewusstsein heraus, um zu sehen, was die Dinge unabhängig vom Bewusstsein sind. Diese Urbedingung der Erkenntnis, diese prinzipielle Erkenntnisschranke gilt es erkenntniskritisch – auch in der Metaphysik – in Rechnung zu stellen. Schopenhauer richtet sich mit folgenden Worten an seine ungläubigen Studenten: »Sie meinen, die Dinge der Welt wären doch da, auch wenn sie niemand sähe und vorstellte. Aber suchen Sie nur einmal sich deutlich zu machen was für ein Dasein der Dinge dies wäre. Sobald Sie das versuchen stellen Sie immer die Anschauung der Welt in einem Kopfe vor, nie aber eine Welt außer der Vorstellung. Sie sehn also daß das Seyn der Dinge in ihrem Vorgestelltwerden besteht.« (VN I, Kap. 1, 126)

Aber nicht nur das *Dasein* der ganzen uns bekannten Welt hängt von dem erkennenden Subjekt ab, sondern auch Raum, Zeit und Kausalität als ihre grundlegendsten *Formen*. Raum, Zeit und Kausalität sind keine Bestimmungen des Dings an sich, sondern gehören nur seiner Erscheinung an. Sie sind apriorische Formen des Erkennens. Schopenhauer nennt sie Gestalten des »Satzes vom Grunde« oder auch »Gehirnfunktionen«. Die »Vorstellungsmaschine in meinem Hirnkasten«, sagt er, projiziert mit ihrer Hilfe eine räumlich, zeitlich und kausal strukturierte, gegenständlich anschaubare Außenwelt. Diese Projektion ist die Welt als Vorstellung (abhängig vom Satz vom Grund).

Die Welt als Vorstellung ist in einem fundamentalen Sinn ursprünglich *Anschauung* (wobei diese Anschauung etwas im Intellekt Konstituiertes ist), dann erst – darauf aufbauend und hinzukommend – Begriff. Alle tiefe Erkenntnis wurzelt in der anschaulichen Auffassung der Dinge. Die Anschauung ist die Quelle, die Basis aller begrifflichen Erkenntnis. Oder, wie Schopenhauer auch sagt, sie ist für das System aller unserer Gedanken das, was in der Geologie der Granit ist, der letzte feste Boden, der alles trägt und über den man nicht hinaus kann. »Begriffe und Abstraktionen, die nicht zuletzt auf Anschauungen hinleiten, gleichen Wegen im Walde, die ohne Ausgang endigen.« (W II, Kap. 7, 89; vgl. W II, Kap. 6, 69)

Die pessimistische Weltsicht wurzelt bereits in der idealistischen Grundansicht. In ihr zeigt sich schon die »Nichtigkeit des Daseyns«, seine Relativität und Endlichkeit. Schopenhauer vergleicht die Welt als Vorstellung, auch wenn sie empirisch gesehen real ist, mit dem Traum.

In der *Metaphysik* (2. Buch) wird die Welt als Vorstellung einer Interpretation unterzogen. »Die ganze Natur ist eine große Hieroglyphe, die einer Deutung bedarf.« (VN II, Kap. 2, 64) Den Schlüssel zu ihrer Entzifferung liefert die Erfahrung des je eigenen Leibs. Im Gegensatz zu allen anderen Objekten der Welt als Vorstellung ist er nicht nur als Vorstellung, sondern zugleich unmittelbar noch als etwas ganz anderes, als Wille, gegeben. Schopenhauer überträgt diese doppelte Leiberfahrung – Willensseite und Vorstellungsseite – auf die gesamte Natur. Er unterlegt in seiner hermeneutischen Metaphysik der Welt als Vorstellung einen Willen, der der eigenen Willenserfahrung (lediglich) ähnlich ist. Schopenhauer sagt auch, das »Selbstbewußtseyn« des eigenen Wollens wird der »Ausleger des Bewußtseyns anderer Dinge«. »Demzufolge müssen wir die Natur verstehn lernen aus uns selbst, nicht umgekehrt uns selbst aus der Natur.« (W II, Kap. 18, 219)

Der Wille ist (mit erkenntniskritischen Einschränkungen) das Ding an sich, das Wesen der Welt. Durch die Ausdehnung der eigenen Willenserfahrung zur im Ganzen nicht mehr erfahrbaren Welt als Wille erhält der Terminus »Wille« eine neuartige Begriffsbestimmung, die die herkömmliche aufhebt. Im Kontext des Systems bedeutet »Wille« blinder Lebensdrang, zielloses Streben, aber z.B. auch Urquelle aller Realität, Materie, Schmerz, Schuld. Der Wille ist Wille zum Leben, das ewig aus sich selbst quellende Leben. Er wird gedeutet als etwas Nicht-Göttliches, Nicht-Rationales, Nicht-Bewusstes.

Aus dem Blickwinkel der metaphysischen Seite der Welt wird die Bewusstseinswelt, die Welt als Vorstellung nur noch als zweit- oder gar drittrangig aufgefasst. Schopenhauer setzt in seiner Metaphysik 1. den Willen als Ding an sich als etwas völlig Ursprüngliches, 2. den Leib als bloße sichtbare Objektivation des Willens und 3. die Erkenntnis als bloß organische Werkzeugfunktion eines Teils des Leibes, des Gehirns. Die Welt als Vorstellung – so vorgestellt – ist ein »Gehirnphänomen«.

Schopenhauer revolutioniert die traditionelle Rangordnung von Intellekt und Wille. Die europäische Tradition sieht zwar im Menschen ein widersprüchliches Wesen, das den Konflikt von Vernünftigkeit (Geist) und Triebhaftigkeit (Leib) austragen muss. Doch gilt der Geist oder die Vernunft des »animal rationale« nicht nur dem Rang, sondern auch der Stärke nach als das maßgebende Prinzip. Im Aufstieg zum Göttlichen oder in der Ausrichtung auf die ewigen Werte vermag der Mensch seine Triebe zu beherrschen und im Einklang mit der ontologisch vorgegebenen Seinsordnung zu stehen.

Schopenhauer bricht mit diesem rund 2500 Jahre währenden Menschenbild. Der Intellekt ist nicht der ursprüngliche Ort des Willens. Der Wille als Ding an sich ist die bewusstlose Substanz des Menschen, der Intellekt das bewusste Akzidens. Das Rationale ist von Grund auf von etwas Nicht-Rationalem bedingt und abhängig. Die Welt als Ding an sich ist ein großer Wille, der nicht weiß, was er will. Der Intellekt ist nur ein Werkzeug des Willens, der mit ihm Dasein, Wohlsein, Fortpflanzung, d.h. Leben will. Der Mensch wird durchgängig von diesem »universellen Lebensdrang« angetrieben und determiniert. Der Wille als die Grundkraft des Lebens ist nicht beherrschbar.

Das Wesen der Welt, also der blinde Wille zum Leben, ist mit sich selbst entzweit und schlägt gleichsam die Zähne in sein eigenes Fleisch. Daher der Krieg aller gegen alle, daher der Egoismus aller Lebewesen, daher das Leiden, das dem Leben als Leben innewohnt. »Durch die gesammte Natur läßt sich dieser Streit verfolgen, ja, sie besteht eben wieder nur durch ihn [...]: ist doch dieser Streit selbst nur die Offenbarung der dem Willen wesentlichen Entzweiung mit sich selbst.« (W I, § 27, 175)

Jeder Glaube, die menschliche Welt im Ganzen und von Grund aus verbessern zu können, beruht auf einer Illusion. »Die unaufhörlichen Bemühungen, das Leiden zu verbannen, leisten nichts weiter, als daß es seine Gestalt verändert.« (W I, § 57, 371) Wesentlich für Schopenhauers metaphysisch fundierten Pessimismus ist, dass das unheile Wesen der Welt nicht etwas von uns Verschiedenes ist. Wir selbst sind dieser vorstellungsabgewandte Weltgrund, die Welt als Wille, und verschulden und bejahen das Leben als Leiden mit jedem Atemzug.

Die *Ästhetik* (3. Buch) handelt von der zeitweiligen Befreiung des Intellekts vom Willen durch die erhebende Erkenntnis des Kunst- und Naturschönen. In der ästhetischen Kontemplation, die ganz im Objekt aufgeht und die eigene Person vergessen lässt, wird die Welt mit anderen Augen angeschaut, wodurch der Wille eine Zeit lang keine Beachtung findet. Kunst entlastet vom leidvollen Leben. Die Aufgabe der Kunst liegt darin, die platonischen Ideen, das Wesentliche und Bleibende aller sichtbaren Erscheinungen der Welt, die Musterbilder der Gattungen – Schopenhauer spricht auch von »Stufen der Objektivation des Willens« – zu erkennen und darzustellen:

»Wie die zerstäubenden Tropfen des tobenden Wasserfalls mit Blitzesschnelle wechseln, während der Regenbogen, dessen Träger sie sind, in unbeweglicher Ruhe fest steht, ganz unberührt von jenem rastlosen Wechsel; so bleibt jede *Idee*, d.i. jede *Gattung* lebender Wesen, ganz unberührt vom fortwährenden Wechsel ihrer Individuen. Die *Idee* aber, oder die Gattung, ist es, darin der Wille zum Leben eigentlich wurzelt und sich manifestirt: daher auch ist an ihrem Bestand allein ihm wahrhaft gelegen. Z.B. die Löwen, welche geboren werden und sterben, sind wie die Tropfen des Wasserfalls; aber die *leonitas*, die *Idee*, oder Gestalt, des Löwen, gleicht dem unerschütterten Regenbogen darauf.« (W II, Kap. 41, 552)

Schön ist alles, worin eine Idee erkannt wird. Mit *ideal* dargestellten Gegenständen aber, mit dem Erschauen des Allgemeinen im Einzelnen kann der besitzergreifende Wille eines Menschen, sein egoistisches Wollen, nichts anfangen. Die im Kunstwerk wiedergegebene Idee ist kein Objekt des persönlichen Begehrens. Ein Stillleben z.B., das die Idee des Apfels anschaulich erkennen lässt, regt gerade den Appetit (Willen) nicht an, sondern vergegenwärtigt den ruhigen, stillen, willensfreien Gemütszustand des Künstlers, der fähig war, einen unbedeutenden Gegenstand so »objektiv« im Hinblick auf seine Allgemeinheit anzuschauen. Die Erkenntnis durch Kunst nimmt den Willen zurück, setzt ihn für eine Weile außer Kraft. Die Welt als Vorstellung schließt sich zu einer für sich bestehenden, interesselosen Ganzheit zusammen (jetzt unabhängig vom Satz vom Grund):

> »Wenn man, durch die Kraft des Geistes gehoben, die gewöhnliche Betrachtungsart der Dinge fahren läßt, aufhört, nur ihren Relationen zu einander, deren letztes Ziel immer die Relation zum eigenen Willen ist, am Leitfaden der Gestaltungen des Satzes vom Grunde, nachzugehen, [...] sondern, statt alles diesen, die ganze Macht seines Geistes der Anschauung hingiebt, sich ganz in diese versenkt und das ganze Bewußtseyn ausfüllen läßt durch die ruhige Kontemplation des gerade gegenwärtigen natürlichen Gegenstandes, sei es eine Landschaft, ein Baum, ein Fels, ein Gebäude, oder was auch immer; indem man, nach einer sinnvollen Deutschen Redensart, sich gänzlich in diesen Gegenstand *verliert*, d.h. eben sein Individuum, seinen Willen, vergißt und nur noch als reines Subjekt, als klarer Spiegel des Objekts bestehend bleibt; so daß es ist, als ob der Gegenstand allein dawäre, ohne Jemanden, der ihn wahrnimmt, und man also nicht mehr den Anschauenden von der Anschauung trennen kann [...], [dann sind in dieser Ideen-Erkenntnis, in dieser vom Willen befreiten reinen Welt als Vorstellung, Subjekt und Objekt nur sich selbst genügend] Eines geworden.« (W I, § 34, 210)

Die Kunst vermittelt eine Erfahrung von etwas ganz anderem, als es unsere empirische Realität ist. Sie weist auf die »Möglichkeit eines Daseyns, das nicht im Wollen besteht« (VN III, Kap. 8, 96) wie unser jetziges. Die Welt als Vorstellung löst sich für eine kurze beglückende Zeit von der Welt als Wille ab.

Die *Ethik* (4. Buch) zeigt im Mitleid und in der Resignation weitere, über die Kunst hinausgehende Möglichkeiten auf, wie dem Leiden, das durch den Egoismus immer wieder neu entsteht, begegnet werden kann. Schopenhauer fasst den Terminus »Egoismus« sehr weit. Der Egoismus, der »Drang zum Daseyn und Wohlseyn«, macht im Menschen wie im Tier die »Haupt- und Grundtriebfeder« (E, § 14, 196) aus. Im Menschen steigert er sich noch durch Bosheit und Grausamkeit. »Der Egoismus ist kolossal: er überragt die Welt.« (E, § 14, 197) Durch ihn vollzieht sich die »Bejahung des Willens zum Leben«, der ewige Kreislauf des universalen Schuld- und Leidzusammenhangs.

Er beruht auf einer traumartigen Phantasmagorie, auf dem »Grundirrthum« der Welt als Vorstellung. Dieser besteht in der Annahme, dass die durch Raum und Zeit ermöglichte Vielheit der Individuen – dass das »principium individuationis« – etwas absolut Reales, etwas Unbedingtes, die Ordnung der Dinge an sich ist. Der Egoismus basiert auf der Erkenntnisweise: »Jedes Individuum ist ein von allen andern von Grund aus verschiedenes Wesen. Im eigenen Selbst allein habe ich mein wahres Seyn, alles Andere hingegen ist Nicht-Ich und mir fremd.« (E, § 22, 270 f.)

In der metaphysischen »Entzifferung der Welt« aber stellen sich alle individuierten Dinge und Lebewesen als ein einziges Wesen dar, das Schopenhauer auch »Makranthropos« (W II, Kap. 50, 739), »Großmensch«, nennt.[14] In der Welt als Vorstellung, in der Erkenntnisweise des Egoismus ist er nicht erkennbar. Der blinde Wille fällt auf die Vorspiegelung einer unwahren Vielheit herein, wütet unter dem Trugschluss des Egoismus gegen sich selbst und kann in der Vorstellungswelt seine Einheit nicht erkennen. Der *eine* Wille ähnelt einem Träumenden, der in einem schweren, undurchschauten Traum in allen seinen sich gegenseitig quälenden Traumfiguren selbst steckt und in ihnen allen zugleich leidet. »Es ist ein großer Traum, den jenes Eine Wesen träumt.« (P I, 234)

Im Mitleid, dem »großen Mysterium der Ethik« (E, § 16, 209), wird der Grundirrtum der Welt als Vorstellung – der Egoismus – unmittelbar durchschaut und seine Macht eingeschränkt. Durch Identifikation mit einem anderen Menschen (generell: mit einem Lebewesen) wird dessen Wohl und Wehe mein eigenes Motiv. Das Mit-Leiden hält die Menschen davon ab, andere zu verletzen, oder veranlasst sie gar, ihnen zu helfen. Dies geschieht nicht, weil ich mitleidend sein *soll*, sondern weil ich es *bin*. Die Schranken zwischen Ich und Du fallen. Die metaphysische Einheit des Willens wird in allen seinen Erscheinungen erblickt. Ein und dasselbe Wesen ist es, das sich in allem Lebenden darstellt und leidet. Dies besagt die indische Formel »tat twam asi« (»dieses Lebendige bist du«). Die Erkenntnisweise des Mitleids lautet: »Die Individuation ist bloße Erscheinung, entstehend mittelst Raum und Zeit, welche nichts weiter als die durch mein cerebrales Erkenntnißvermögen bedingten Formen aller seiner Objekte sind; daher auch die Vielheit und Verschiedenheit der Individuen bloße Erscheinung, d.h. nur in meiner *Vorstellung* vorhanden ist. Mein wahres, inneres Wesen existirt in jedem Lebenden so unmittelbar, wie es in meinem Selbstbewußtseyn sich nur mir selber kund giebt.« (E, § 21, 271)

Aus der Erkenntnis der Allgemeinheit des Leidens kann die Resignation hervorgehen. Diese »Verneinung des Willens zum Leben«, die nicht mit dem Selbstmord zu verwechseln ist, hebt den Grund des Leidens, den Willen selbst auf und mit ihm alle seine Erscheinungen. Es ist die »Erlösung« von der Welt. Schopenhauer verwendet hier – eingedenk des erkenntniskritischen 1. Buchs, das seiner Metaphysik zugrunde liegt und auch ihr unüberschreitbare Grenzen des Erkennens zieht – Metaphern, Analogien, religiöse Vergleiche oder negative Kennzeichnungen. Auch weist er ausdrücklich darauf hin, dass der Wille zum Leben bloß in Bezug auf die Erscheinung Ding an sich ist; was er außerhalb dieser Relation sei, ist nicht wissbar. (Vgl. B, 291)

Mit der »Ertötung des Eigenwillens« zerfließt die Welt als Wille und Vorstellung. »Kein Wille: keine Vorstellung, keine Welt.« »Nur die Erkenntniß ist geblieben; der Wille ist verschwunden.« (W I, § 71, 486) Dies ist das selige Nirwana, das »relative Nichts« (W I, § 71, 484; W II, Kap. 48, 703). Schopenhauers Pessimismus gipfelt in der Verneinung des Lebenswillens. Der Schluss des Hauptwerks lautet: »Wir bekennen es vielmehr frei: was nach gänzlicher Aufhebung des Willens übrig bleibt, ist für alle Die, welche noch des Willens voll sind, allerdings Nichts. Aber auch umgekehrt ist Denen, in welchen der Wille sich gewendet und verneint hat, diese unsere so sehr reale Welt mit allen ihren Sonnen und Milchstraßen – Nichts.« (W I, § 71, 487)

Mit Schopenhauers Philosophie ist ein Ausdrucksmoment verbunden. Der einzige Gedanke – »Die Welt ist meine Vorstellung: und die Welt ist lauter Wille« (HN I, 170) – bringt im Rahmen einer Philosophie, die sich selbst dezidiert der überprüfbaren Argumentation verpflichtet hat, darüber hinaus noch eine Anklage des Egoismus und des Leids zum Ausdruck, die über das streng begriffliche Argumentieren hinausgeht.

System und Ausdruck sind in Schopenhauers Philosophie ineinander verwoben. Sein metaphysischer Pessimismus (»Alles Leben ist Leiden«) ist distanzierte Reflexion und eigensinnige, widerständige Geisteshaltung in einem. Die »Erkenntniß des Jammers dieser Welt« ist es, die Schopenhauer umtreibt und seinen einzigen Gedanken – die *Welt als Wille und Vorstellung* – bestimmt.

2. Wegbereitende Schriften

Ueber die vierfache Wurzel des Satzes vom zureichenden Grunde

Die Schrift *Ueber die vierfache Wurzel des Satzes vom zureichenden Grunde* mit dem Untertitel *Eine philosophische Abhandlung* ist eine Theorie der Erkenntnis. Schopenhauer versteht sie als »Einleitung und Propädeutik« zu seinem Hauptwerk. Sie steht in der Tradition von Kants *Kritik der reinen Vernunft* und bildet den erkenntnistheoretischen Unterbau des Systems. Die ursprünglich 1813 als Dissertation abgefasste Schrift wird in der zweiten Auflage von 1847 erheblich überarbeitet, ergänzt und dem Hauptwerk angepasst. Dabei wird vor allem ein zusätzlicher, materialistisch-physiologischer Blickwinkel eingearbeitet, der Kants Position fundamental korrigiert und erweitert. Der Gesichtspunkt der Genese von Erkenntnis wird gegenüber dem ihrer Geltung stärker gewichtet. Durch die Überarbeitung, die auch Bezüge zur Metaphysik ins Spiel bringt, wird die Abhandlung äußerst komplex und vielschichtig. Aus der Einleitungsschrift der Dissertation ist jetzt eine »kompendiose Theorie des gesammten Erkenntnißvermögens« (G, Vorr., VII) geworden, wie es in der zweiten Auflage heißt. Um diese Theorie wirklich verstehen zu können, sind nunmehr auch Kenntnisse des Hauptwerks erforderlich. Insofern gehört die überarbeitete Abhandlung sowohl zu den wegbereitenden Schriften wie auch zu den ergänzenden Schriften.

Wichtige Stellen der zweiten Auflage sind: §§ 16, 20, 21, 43, 52. Schopenhauer selbst betont mehrfach die Wichtigkeit von § 21. Im § 43 spricht er vom »Grundstein meiner ganzen Metaphysik«. – Aufschlussreich für die Entwicklungsgeschichte der Abhandlung ist die von Schopenhauer 1820 gehaltene große Vorlesung in Berlin, in der er noch einmal mit sehr klaren Formulierungen seine Dissertation ausführlich darlegt, worauf er in seinem Hauptwerk verzichtet. Durch diese Darlegung wird auch ersichtlich, an welcher Stelle und auf welche Weise Schopenhauer die Schrift in sein System integriert. (Vgl. VN I, Kap. 4, 442-517) – Zur weiteren Vertiefung der Abhandlung, die eine Schlüsselrolle im Gesamtwerk spielt, kann das 22. Kapitel im zweiten Band der *Welt als Wille und Vorstellung* hilfreich sein, das den hinzukommenden materialistischen Blickwinkel explizit macht.

Grundlage aller Wissenschaft. Die Thematik der Dissertation, also die ursprüngliche Fassung von 1813, lässt sich knapp zusammenfassen. Der Satz vom Grund lautet: Alles, was ist, hat einen Grund, warum es ist. Jedes Objekt des Subjekts (= Vorstellung) steht zu einem anderen Objekt (Vorstellung) im Verhältnis der Abhängigkeit. Kein Objekt könnte sein, wie es ist, wenn nicht ein anderes wäre, wie es ist. Dieses andere heißt Grund, jenes Folge. Kein Objekt, keine Vorstellung kann etwas völlig für sich Bestehendes, Isoliertes, Abgerissenes sein. Dies wissen wir vor jeder Erfahrung mit strenger Notwendigkeit und Allgemeingültigkeit, mit anderen Worten a priori. Schopenhauer gibt ein Beispiel. Wir können uns zwar vorstellen, dass morgen das Gravitationsgesetz aufhört zu wirken, aber nicht, dass dies ohne Ursache geschieht. Bei jeder Vorstellung kann gefragt werden, warum das so ist. Das »Warum« ist daher die »Mutter aller Wissenschaften« oder der Satz vom Grund ist die »Grundlage aller Wissenschaft«. (Vgl. G1, § 4, 6 f.)

Der Satz vom Grund drückt die universale und notwendige Verbundenheit aller Objekte des Subjekts, d.h. aller Vorstellungen untereinander aus: »Alle unsre Vorstellungen stehn in einer gesetzmäßigen und der Form nach a priori bestimmbaren Verbindung.« (G1, § 16, 18) Diese allgemeine gesetzmäßige Verbindung nennt Schopenhauer die »Wurzel« des Satzes vom Grund.

Ziel der Dissertation ist es, nachzuweisen, dass der Satz vom Grund in vier verschiedenen Gestalten – in einer »vierfachen Wurzel« – auftritt. Diese Gestalten beziehen sich auf vier verschiedene Klassen der Objekte des Subjekts. Das bedeutet: so viele Arten von Vorstellungen, so viele Arten von Grund-Folge-Verhältnissen.

Schopenhauer geht von zwei bekannten Gestalten des Satzes vom Grund aus: 1. Veränderungen der Objekte der empirischen Realität müssen immer eine Ursache haben. 2. Verknüpfungen von Begriffen zu Urteilen müssen, um wahr zu sein, immer einen Grund haben. Es gibt aber, so Schopenhauer, noch zwei weitere Gestalten, die 3. den mathematischen Grund und 4. die Motivation betreffen. Sie beziehen sich auf zwei weitere Klassen von Objekten des Subjekts, bei denen auch nach dem Warum gefragt werden kann. Warum sind in diesem Dreieck die drei Seiten gleich? Warum tust du das?

Zusammengefasst: Alle Veränderungen in der anschaubaren empirischen Realität werden durch Ursachen erklärt (Satz vom Grund des Werdens oder Gesetz der Kausalität). Bei jedem Urteil wird nach seinem Grund gefragt (Satz vom Grund des Erkennens). In der Geometrie und Arithmetik überzeugen formale Einsichten in den Zusammenhang der Teile des Raumes und der Zeit, wobei dieser Zusammenhang unveränderbar so ist, wie er ist (Satz vom Grund des Seins). Handlungen werden erklärt und verstanden, wenn die Motive bekannt sind (Satz vom Grund des Handelns oder Gesetz der Motivation).

Die Ausführung dieser vier Gestalten des Satzes vom Grund, die auch wissenschaftstheoretische Bedeutung hat, nimmt in der Abhandlung, auch in der zweiten Auflage, einen breiten Raum ein. Zu beachten ist, dass der Satz vom Grund sich nur auf Objekte des Subjekts, auf Vorstellungen – auf Erscheinungen – erstreckt, nicht auf Dinge an sich. Schopenhauer erwartet von der Auswirkung seiner Dissertation, dass die Philosophen zukünftig über die spezielle Art ihrer Begründung genau Rechenschaft ablegen, die einzelnen Gestalten nicht verwechseln und dadurch auf ihr dunkles, unverständliches Imponiergehabe verzichten.

Gehirnphänomen der gegenständlichen Welt. Mit dem Satz vom Grund sind (vor allem durch die zweite Auflage) radikale (neu hinzukommende) Auffassungen verbunden, die auf den ersten Blick nicht leicht zu erkennen sind und die über Fragen nach der Gültigkeit wissenschaftlicher Aussagen weit hinausgehen. Sie erschließen sich erst im Kontext mit dem Hauptwerk. Der Anfang von Platons Höhlengleichnis kann aspekthaft den Zugang zu dieser Radikalität erleichtern.[15]

Dem Gleichnis zufolge leben die Menschen ihr Leben lang gefesselt in einer Höhle. Gezwungen, in das Innere der Höhle zu schauen, sehen sie weder das ursprüngliche Licht noch die wirklichen Dinge, sondern nur das künstliche Licht eines Feuers und flüchtige Schatten. Das Feuer, das hinter ihnen brennt, ist für sie ebenso wenig sichtbar wie die Gegenstände, die hinter ihrem Rücken vor dem Feuer vorbeigetragen werden. Nur die Schatten dieser Gegenstände, die vor ihnen an die Wand geworfen werden, können sie wahrnehmen. Auch sich selbst sehen sie auf diese Weise nur als Schatten. Da sie nichts anderes kennen, halten sie die Schatten für das wahre Sein. In Wettkämpfen eifern sie darum, wer am besten über die Schatten Bescheid weiß und ihre Abfolgen voraussagen kann. Der Mechanismus, der die Schatten erzeugt, bleibt ihnen verborgen, ja, er wird nicht einmal geahnt.

Das, was für Platon die Welt der Schatten ist, ist für Schopenhauer die empirische Realität, also das, was wir Tag für Tag sehen, wenn wir die Augen aufmachen. In beiden Fällen ist von Menschen die Rede, die glauben, sie sähen die wirklichen Dinge (Dinge an sich). In beiden Fällen gibt es einen Mechanismus, der stattdessen Erscheinungen erzeugt. In beiden Fällen ist dieser Mechanismus nicht sichtbar und bleibt (zunächst) unerkannt.

Der entscheidende Unterschied aber ist der: Das, was sich bei Platon gleichnishaft in einer Höhle mit gefesselten Menschen abspielt, spielt sich für Schopenhauer »traumhaft« im Bewusstsein oder, wie er auch physiologisch-materialistisch sagt, im Gehirn ab, an das die Menschen ihr Leben lang gebunden sind. Das Bewusstsein (zudem ein individuelles und egoistisches) ist der »Kerker« (W II, Kap. 50, 737), aus dem niemand herauskommt, um zu sehen, wie die Dinge unabhängig von ihm – bewusstseinstranszendent – beschaffen sind. Die unüberwindbare Bezogenheit auf ein Bewusstsein ist für Schopenhauer die Urbedingung aller Erkenntnis. Die Philosophie, die das berücksichtigt, heißt »Transzendentalphilosophie«: »Hierunter verstehe ich jede Philosophie, welche davon ausgeht, daß ihr nächster und unmittelbarer Gegenstand nicht die Dinge seien, sondern allein das menschliche *Bewußtseyn* von den Dingen, welches daher nirgends außer Acht und Rechnung gelassen werden dürfe.« (P II, § 10, 9 f.)

Innerhalb des Bewusstseins ist ein »Mechanismus« (W II, Kap. 22, 307) tätig, der eine gegenständliche Welt vor uns stellt, vor-stellt. Schopenhauer verwendet hier verschiedene Termini, z. B. spricht er von »Erkenntnissen *a priori*«, von »selbsteigenen Formen des Intellekts« oder von »Gehirnfunktionen«. Auch wir selbst, die Erkennenden, treten allererst durch diesen apriorischen Mechanismus des Erkennens – durch diese »Vorstellungsmaschine in meinem Hirnkasten« (P II, § 29, 45) – mit einem Leib gegenständlich in Erscheinung. Dies geschieht unmittelbar, ohne Reflexion, unbewusst, sodass der Eindruck des gesunden Menschenverstandes entsteht, die sichtbare Welt der Dinge sei eine vom Bewusstsein unabhängige, ursprüngliche Gegebenheit. Sie ist aber eine schöpferische, wenngleich nicht willkürliche konstitutive Leistung des Intellekts, »in der Hauptsache das Werk des *Verstandes*« (G, § 21, 51). Schopenhauer verwendet in diesem Zusammenhang auch den Ausdruck »Gehirnphänomen der gegenständlichen Welt« (G, § 21, 71). Entscheidend ist: Der »Mechanismus« im Bewusstsein bzw. Gehirn sind die vier Gestalten des Satzes vom Grund, und die Projektion dieses Mechanismus heißt die »Welt als Vorstellung«. Sie ist Schopenhauers Höhle.

Intellektualität der Anschauung. Zum Kernstück der Abhandlung (2. Auflage) gehört die Untersuchung, *wie* die »objektive Außenwelt« für unser Bewusstsein zustande kommt. (G, § 21) Schopenhauer beansprucht, hierbei Pionierarbeit geleistet zu haben. Er rechnet daher seine Theorie, dass die Außenwelt im Wesentlichen das Werk des Verstandes ist, zu den »großen und wichtigen Wahrheiten, welche darzulegen, um sie dem menschlichen Geschlechte auf immer anzueignen, die Aufgabe und Arbeit meines ganzen Lebens gewesen ist« (G, § 21, 51).

Vereinfacht gesagt, bilden die Sinnesempfindungen des Leibes den Ausgangspunkt. Zwischen ihnen und einer anschaubaren Außenwelt besteht eine »weite Kluft«. Die Empfindungen für sich betrachtet haben mit einer Anschauung keine Ähnlichkeit. Käme zu den Empfindungen nicht der Verstand hinzu, der diese Kluft durch die Anwendung des apriorischen Gesetzes der Kausalität überbrückte, so reichte das Bewusstsein nicht über den eigenen Leib hinaus. Gegeben wäre dann nichts als ein

»dumpfes, pflanzenartiges Bewußtseyn« (VN I, Kap. 2, 198) bedeutungsloser Affektionen des Leibes innerhalb seiner vegetativen Grenzen. »Erst wenn der *Verstand*, – eine Funktion, nicht einzelner zarter Nervenenden, sondern des so künstlich und räthselhaft gebauten, drei, ausnahmsweise aber bis fünf Pfund wiegenden Gehirns, – in Thätigkeit geräth und seine einzige und alleinige Form, das *Gesetz der Kausalität*, in Anwendung bringt, geht eine mächtige Verwandlung vor, indem aus der subjektiven Empfindung die objektive Anschauung wird.« (G, § 21, 52 f.) Der Verstand, eine Funktion des Gehirns, ist es, der die Außenwelt vergegenständlicht und aufbaut. Er arbeitet den rohen, amorphen Stoff der Empfindungen um zu einer anschaubaren, gesetzmäßig strukturierten Körperwelt. Bei dieser »mächtigen Verwandlung« wird das »Gesetz der Kausalität« angewendet. Ein anderer Ausdruck dafür ist, wie oben schon gesagt, der »Satz vom Grund des Werdens«[16].

Die Textstelle zeigt, dass mit dem Gesetz der Kausalität etwas Ursprüngliches gemeint ist, das mit bewusstem Nachdenken nichts zu tun hat. In diesem ursprünglichen Sinn meint das Gesetz der Kausalität keine begriffliche Formulierung der *Vernunft*, sondern eine gehirnphysiologische Funktion des vorbegrifflichen Anschauungsvermögens, das Schopenhauer *Verstand* nennt. Der Verstand schaut an, die Vernunft denkt. Auch die Tiere haben Verstand, Vernunft dagegen keine. Schopenhauer spricht auch vom »Unbewußten dieser Verstandesoperation« (VN I, Kap. 2, 187). Erst im Nachhinein kann durch Reflexion, durch die Vernunft, dieses Gesetz der Kausalität bewusst gemacht und ihm ein begrifflicher Ausdruck verliehen werden, z. B. in der Abhandlung über den Satz vom Grund. Der apriorische Satz vom Grund des Werdens hat also eine ursprüngliche weltkonstituierende Bedeutung und eine hinzukommende Bedeutung, indem er – ins Bewusstsein gehoben – als Leitfaden für die wissenschaftliche Erforschung der Außenwelt dient, in die er ja immer schon als deren Grundgesetzlichkeit eingeschrieben ist. – Der Verstand schreibt der Projektionswelt ihre Gesetze vor.

»Er [der Verstand] nämlich faßt, vermöge seiner selbsteigenen Form, also *a priori*, d.i. *vor* aller Erfahrung (denn diese ist bis dahin noch nicht möglich), die gegebene Empfindung des Leibes als eine *Wirkung* auf (ein Wort, welches er allein versteht), die als solche nothwendig eine *Ursache* haben muß. Zugleich nimmt er die ebenfalls im Intellekt, d.i. im Gehirn, prädisponirt liegende Form des *äußern* Sinnes zu Hülfe, den *Raum*, um jene Ursache *außerhalb* des Organismus zu verlegen: denn dadurch erst entsteht ihm das Außerhalb, dessen Möglichkeit eben der Raum ist; so daß die reine Anschauung *a priori* die Grundlage der empirischen abgeben muß.« (G, § 21, 53)

Noch vor aller Erfahrung, ganz unabhängig von ihr, fasst der Verstand die Empfindung des Leibes als Wirkung auf und bezieht sie auf eine Ursache. Dabei versetzt der Verstand die Ursache in die Form des Raums, die ebenfalls vor aller Erfahrung dem Intellekt bzw. dem Gehirn einwohnt. Indem diese so aufgefasste Wirkung auf ihre Ursache bezogen wird, entsteht die Anschauung der Ursache als Objekt. Dieses Objekt als Produkt der Verstandestätigkeit ist dann empirisch anschaubar. Auf diese Weise wird auch der Leib selbst vergegenständlicht und Teil der objektiven Außenwelt. Schopenhauer kann diesen Vorgang des Welt-Projizierens, die Tätigkeit selbst, nur behelfsmäßig aussprechen (Wirkung – »ein Wort, welches er [der Verstand] allein versteht«).

Festzuhalten ist, dass für Schopenhauer das Außerhalb, wohin die Gegenstände versetzt werden, nur »innerhalb unsers Kopfes« ist, so wie wir im Theater Berge, Wald und Meer sehen, aber doch alles im Hause bleibt. (Vgl. W II, Kap. 2, 26) Dasselbe gilt für die Zeit sowie für die Vielheit der Dinge insgesamt. Ergänzend heißt es im Zitat: »Denn durch sie [die Verstandesoperation] allein, mithin im Verstande und für den Verstand, stellt sich die objektive, reale, den Raum in drei Dimensionen füllende Körperwelt dar, die alsdann, in der Zeit, dem selben Kausalitätsgesetze gemäß, sich ferner verändert und im Raume bewegt.« (G, § 21, 53)

Schopenhauer beschließt das Zitat, indem er zusammenfassend die grundsätzliche Intellektualität der Anschauung herausstellt: »Demnach hat der Verstand die objektive Welt erst selbst zu schaffen: nicht aber kann sie, schon vorher fertig, durch die Sinne und die Oeffnungen ihrer Organe, bloß in den Kopf hineinspazieren. Die Sinne nämlich liefern nichts weiter, als den rohen Stoff, welchen allererst der Verstand, mittelst der angegebenen einfachen Formen, Raum, Zeit und Kausalität, in die objektive Auffassung einer gesetzmäßig geregelten Körperwelt umarbeitet. Demnach ist unsere alltägliche, *empirische Anschauung eine intellektuale.*« (G, § 21, 53)

Traumartige Beschaffenheit der Welt. Schopenhauers Abhandlung *Ueber die vierfache Wurzel des Satzes vom zureichenden Grunde* und sein Pessimismus sind nicht voneinander zu trennen. Die menschliche Erkenntnis ist an die weitgehend unbewusste Tätigkeit des Verstandes und an sein Produkt, die »Phantasmagorie der objektiven Welt« (W I, Anhang, 497), gefesselt. Das Ausmaß und die Bedeutung dieser Art von Gefangenschaft im Bewusstsein aber zeigen sich erst in Schopenhauers Metaphysik, besonders in seiner Ethik. Denn es ist diese, hier nur aspekthaft dargestellte Erkenntnisweise – die Erkenntnis nach dem Satz vom Grund in seinen vier Gestalten –, die allem Egoismus und allem Leid zugrunde liegt. Erst die Verneinung des Willens zum Leben, mit der das System ausklingt, stellt das Ende der Herrschaft des Satzes vom Grund in Aussicht, die Befreiung auch aus dem Höhlendasein des individuellen Bewusstseins. »Kein Wille: keine Vorstellung, keine Welt.« (W I, § 71, 486) Davon später.

Zwei Themenauffassungen oder Werthaltungen laufen in der Abhandlung zusammen und bilden eine Ambivalenz, ausdrücklich wie auch zwischen den Zeilen: einerseits Schopenhauers sachliche, argumentativ-nüchterne Darlegung des Satzes vom Grund, andererseits seine eher stille Klage über die mit dem Satz vom Grund auf das Engste verbundene Hinfälligkeit und Nichtigkeit der Welt. Dieses schillernde Ineinander von Leid und Analyse wird vielleicht nirgends so deutlich und beklemmend ausgedrückt wie in den *Philosophischen Vorlesungen*, die die Abhandlung in modifizierter Gestalt enthalten. »Ueberall aber sehn wir die Objekte durch den Sa[t]z vom Grund aller absoluten und Selbständigen Existenz beraubt: kein Objekt kann durch sich, für sich, unabhängig seyn; sondern es ist immer nur durch ein andres, wegen eines andern, dies wieder auch nur eben so, und das geht *in infinitum*: vermöge des Satzes vom Grund sind also alle irgend möglichen Objekte der Dependenz, Relativität, Instabilität und Endlichkeit anheim gefallen: ihr Seyn ist bedingt, relativ, und daher sobald man die Bedingung wegnimmt ein Nichtseyn.« (VN I, Kap. 4, 470 f.; vgl. G1, § 59, 92 und G, § 52, 158) Es ist nicht übertrieben zu sagen, dass der *theoretische* Ursprung von Schopenhauers Pessimismus in seiner Erkenntnistheorie, im *Satz vom Grund*, ansatzweise schon in der Dissertation zu finden ist.

Ein Unterkapitel des in die *Philosophischen Vorlesungen* integrierten *Satzes vom Grund* lautet: »Ueber die Endlichkeit und Nichtigkeit der Erscheinungen« (fehlt in G1 und G). Hier umreißt Schopenhauer den pessimistischen Gehalt seiner Erkenntnistheorie. Hier hebt er auch die allgemeinste Gestaltung des Satzes vom Grund hervor, die Zeit, das »Schema und der Urtypus aller übrigen Gestaltungen« (VN I, Kap. 4, 471), die im Wesentlichen ein steter Übergang aus dem Nichtsein in ein anderes Nichtsein ist.

In der alles vertilgenden Zeit sind Vergangenheit und Zukunft so nichtig wie ein Traum. Auch die Gegenwart hat keinen Bestand. »Dieselbe Nichtigkeit, die uns hier augenfällig entgegentritt, ist aber dem Satz vom Grund in jeder Gestalt eigen und auch jeder Klasse der Objekte die er beherrscht.« (VN I, Kap. 4, 475) Im Raum erkennen wir nie unseren absoluten Ort, sondern nur unseren relativen. Unser Irgendwosein ist nicht viel mehr als nirgends sein. »Wo sind wir?« (VN I, Kap. 4, 475) Und die Kausalität bringt in der objektiven Außenwelt dieselbe Nichtigkeit hervor. (Vgl. VN I, Kap. 4, 475) Der Satz vom Grund reißt alles in den Strudel einer bestandlosen wirklichen-unwirklichen Relativität:

»Alle Zustände der Materie, alle Formen, sind in stetem Entstehn und Vergehn begriffen; sie werden durch Ursachen und vergehn durch Ursachen, hängen stets von Ursachen ab, und das ganze Wesen der Welt ist ein beständiger Wandel und Wechsel: wie die Zeit und der Raum selbst so hat alles was in ihnen ist nur ein relatives Daseyn, ist nur durch und für ein Anderes, ihm gleichartiges, d.h. selbst nur wieder eben so bestehendes: daher ist nichts durch sich selbst; daher hat nichts Bestand; unter unsern Händen schwindet Alles; wir selbst nicht ausgenommen. Wir sehn also daß eben weil der Satz vom Grund in seinen verschiednen Gestalten die Form alles Objekts ist; auch alles Objekt jener Endlichkeit, Zeitlichkeit, Dependenz, Instabilität, Relativität anheim gefallen ist, deren eigentliches Princip jener Satz ist; daher nur ein relatives Seyn hat; ist und wieder nicht ist.« (VN I, Kap. 4, 475 f.)

Schopenhauer, der es liebt, Belege aus der großen Philosophie und Weltliteratur anzuführen, öffnet eine Schatztruhe alter Weisheiten:

»Diese ganze wahrnehmbare Welt ist das Gewebe des [der] Maja, welches wie ein Schleier über die Augen aller Sterblichen geworfen ist und sie nun eine Welt sehn läßt, von der man weder sagen kann, daß sie sei, noch auch daß sie nicht sei: denn sie ist, wie ein Traum ist.« (Mythologie der Hindus; VN I, Kap. 4, 477)

»Ich sehe, daß wir Lebenden nichts andres sind / Als Truggestalten und ein flüchtig Schattenbild.« (Sophokles; VN I, Kap. 4, 505)

»Wir sind solches Zeug, wie das, woraus die Träume gemacht sind, und unser kurzes Leben ist von einem Schlaf umschlossen.« (Shakespeare; VN I, Kap. 4, 505 f.)

Hierher passt auch Schopenhauers eigenwillige Interpretation von Kants Unterscheidung von Erscheinung und Ding an sich: »Solche deutliche Erkenntniß und ruhige, besonnene Darstellung dieser traumartigen Beschaffenheit der ganzen Welt ist eigentlich die Basis der ganzen Kantischen Philosophie, ist ihre Seele und ihr allergrößtes Verdienst.« (W I, Anhang, 497)

Ueber das Sehn und die Farben

Die Schrift *Ueber das Sehn und die Farben. Eine Abhandlung* von 1816[17] wird in der zweiten Auflage von 1854 auf den doppelten Umfang erweitert. 1830 fertigt Schopenhauer eine von der ersten (wie auch von der zweiten) Auflage abweichende lateinische Version an, die *Theoria colorum*[18]. Die Abhandlung ergänzt Aspekte der Erkenntnistheorie. Sie sollte weder ignoriert noch überbewertet werden. Ihr gar eine Schlüsselrolle für Schopenhauers System beimessen zu wollen wäre verfehlt. Wichtig ist vor allem das erste kurze Kapitel, »Vom Sehn«. (F, § 1, 7-20)

Schopenhauer wird 1813/1814 von Goethe in dessen Farbenlehre eingewiesen, doch geht er bald – trotz Übereinstimmungen – eigene Wege. Am 11. November 1815 schreibt Schopenhauer an Goethe: »Vergleiche ich Ihre Farbenlehre einer Pyramide, so ist meine Theorie die Spitze derselben, der untheilbare mathematische Punct, von dem aus das ganze große Gebäude sich ausbreitet, und der so wesentlich ist, daß es ohne ihn keine Pyramide mehr ist, während man von unten immer abschneiden kann ohne daß es aufhört Pyramide zu seyn.« (B, 21) Goethe, der überzeugt ist, seine Pyramide selbst bis zur Spitze gebaut zu haben, hört solche Worte von seinem abtrünnigen Schüler nicht gern und macht sich seinen eigenen Reim darauf: »Dein Gutgedachtes, in fremden Adern,/ Wird sogleich mit dir selber hadern.« Und »Trüge gern noch länger des Lehrers Bürden,/ Wenn Schüler nur nicht gleich Lehrer würden.«[19]

Ihr Verhältnis bleibt geprägt durch gegenseitigen Respekt, zu dem aufseiten Schopenhauers noch Bewunderung und Verehrung hinzukommen. Beide lehnen entschieden Newtons Theorie ab, die besagt, dass der Lichtstrahl der Sonne aus den Farben des Regenbogens zusammengesetzt und in diese zerlegbar sei.

Verstandesoperationen des Sehens. Das erste Kapitel, »Vom Sehn«, zielt darauf, dass eine Farbenlehre die erkenntnistheoretischen Resultate der Transzendentalphilosophie berücksichtigen muss. Dies meint Schopenhauer mit »Spitze der Pyramide«. Das erste Kapitel stellt daher die prinzipielle Bedingtheit der Anschauung durch den Verstand heraus. In diese Bedingtheit soll auch das Farben-Sehen eingegliedert werden. Schopenhauer wiederholt vor allem unter physiologischem Blickwinkel ein Hauptresultat der Abhandlung *Ueber die vierfache Wurzel des Satzes vom zureichenden Grunde*: dass alle Anschauung intellektual und nicht bloß sensual ist. Dazu gibt er folgende Illustration: »Könnte Jemand, der vor einer schönen weiten Aussicht steht, auf einen Augenblick alles Verstandes beraubt werden, so würde ihm von der ganzen Aussicht nichts übrig bleiben, als die Empfindung einer sehr mannigfaltigen Affektion der Retina, den vielerlei Farbenflecken auf einer Malerpalette ähnlich, – welche gleichsam der rohe Stoff ist, aus welchem vorhin sein Verstand jene Anschauung schuf.« (F, § 1, 9)

Durch die »Verstandesoperationen des Sehns« (G, § 21, 72) wird verdeutlicht, wie die Sehempfindung zur Anschauung intellektualisiert wird. Der Verstand stellt augenblicklich (unbewusst) mithilfe seiner Raumanschauung die sichtbare Welt vor: Der verkehrt herum empfundene Gegenstand wird aufrecht gesehen; der mit beiden Augen, also doppelt empfundene Gegenstand wird einfach gesehen; die planimetrisch empfundenen Flächen werden stereometrisch als Körper gesehen; die Eindrücke auf der Retina werden perspektivisch als Gegenstände in der Ferne gesehen. »Die Anschauung entsteht dadurch, daß der Verstand den auf der Retina empfundenen Eindruck augenblicklich auf seine Ursache bezieht, welche nun eben dadurch sich im Raum, seiner ihn begleitenden Anschauungsform, als Objekt darstellt.« (F, § 1, 11)

Physiologische Farbentheorie. Das zweite Kapitel, »Von den Farben«, stellt die Farbenlehre dar. Hier ist als Einschub ein kurzer Hinweis auf Goethe hilfreich. Goethe führt die physischen Farben, z.B. die, die er unter dem Himmel Italiens beobachtet hat, auf ihre einfachste, nicht weiter abzuleitende Erscheinung zurück, die er »Urphänomen« nennt. Ein solches Urphänomen ist ihm die Entstehung der Farben durch das Medium des »Trüben« im Zwischenbereich von Licht und Finsternis. Goethe: »Die Sonne, durch einen gewissen Grad von Dünsten gesehen, zeigt sich mit einer gelblichen Scheibe. [...] wenn in südlichen Gegenden der Scirocco herrscht, erscheint die Sonne rubinrot. [...] Wird die Finsternis des unendlichen Raums durch atmosphärische vom Tageslicht erleuchtete Dünste hindurch angesehen, so erscheint die blaue Farbe.«[20] Das Urphänomen der Farben ist ein Letztes und lässt sich nicht weiter ableiten. Es ist genug, es objektiv aufzufassen und es zu beschreiben. Hier ist das Faktum selbst schon die Theorie. Goethe: »Das Höchste wäre: zu begreifen, daß alles Faktische schon Theorie ist. Die Bläue des Himmels offenbart uns das Grundgesetz der Chromatik. Man suche nur nichts hinter den Phänomenen: sie selbst sind die Lehre.«[21]

Schopenhauer verfolgt nun in seiner »wahren, fundamentalen und unumstößlichen Theorie der Farbe« (P II, § 103, 192) die Absicht, Goethes Urphänomen physiologisch »abzuleiten«, d.h., das Urphänomen als etwas Nicht-Letztes zu erweisen. Die Farben, mit denen die Gegenstände bekleidet erscheinen, sind subjektiver Natur. Sie sollen aus der Beschaffenheit und Organisation des menschlichen Auges erklärt werden. Sie sind nicht außerhalb, sondern nur im Auge, in der Retina. Der Ursprung der Farben liegt in der organischen Fähigkeit der Retina, den Eindruck des Lichts in eine Farbempfindung zu verwandeln. (Vgl. F, § 5, 32) Die aktive Rolle, die die Retina hierbei spielt, wird in der Abhandlung ausführlich analysiert und numerisch bestimmt. Diese organische Fähigkeit der Retina ist für Schopenhauer das »eigentliche Urphänomen« (F, § 13, 73). Schopenhauer stellt es in den größeren Zusammenhang der Weltprojektion, der intellektualen Anschauung. 1830 schreibt er in der lateinischen Version seiner Farbentheorie:

»Daß aber die Farbe zur Sinnesaffektion selbst gehört und daher der Verstandesoperation vorhergeht und nicht von ihr abhängt, wird niemand bezweifeln. [...] Aber wenn der Verstand, von den Wirkungen auf die Ursachen übergehend, aus der Empfindung der Augen die Anschauung der Außenwelt hervorbringt, dann bezieht er freilich auch die Farben, obwohl sie bloße Affektionen des Auges sind, auf die Ursachen, durch die sie von außen her erregt werden und faßt sie jetzt als den äußern Körpern inhärierende Eigenschaften auf. Nichtsdestoweniger sind die Farben dennoch an sich selbst nur Affektionen des Auges.« (C, Kap. 2, 171)

3. Das Hauptwerk

Die Welt als Wille und Vorstellung

Die vollständigen Untertitel der zweibändigen *Welt als Wille und Vorstellung* lauten: »Erster Band. Vier Bücher, nebst einem Anhange, der die Kritik der Kantischen Philosophie enthält« und »Zweiter Band, welcher die Ergänzungen zu den vier Büchern des ersten Bandes enthält.« Band 1 erscheint 1819, Band 2 1844 zusammen mit der zweiten Auflage des überarbeiteten ersten Bandes. Die dritte, verbesserte und beträchtlich vermehrte Auflage erscheint 1859.

Jeder der beiden Bände ist also in vier Bücher, d.h. Teile gegliedert. Sie behandeln die Erkenntnistheorie (1. Buch), die Metaphysik (2. Buch), die Ästhetik (3. Buch) und die Ethik (4. Buch). Diese vier Bücher werden im Anschluss an diesen Überblick sukzessive vorgestellt.

Grundsätzlich gesagt: Von erheblicher Bedeutung für den Ausgang der Beurteilung der Philosophie Schopenhauers ist die Berücksichtigung des zweiten Bandes (W II). Der erste Band allein, vor allem seine erste Auflage, führt leicht zu einer Überbewertung Kants und dessen Transzendentalphilosophie, die für Schopenhauer gewiss *auch* zentral sind. Aber erst die volle, gleichwertige Einbeziehung des zweiten Bandes lässt die komplexen Ambivalenzen des Systems erkennen, die insbesondere durch die nunmehr verstärkt hinzukommende physiologisch-materialistische Betrachtungsweise bis ins unversöhnliche Extrem gesteigert werden. Eine Gesamtrezeption beider Bände steht vor der Schwierigkeit, mit diesen Ambivalenzen oder Widersprüchlichkeiten, die sich nicht nur auf Kant beziehen, interpretativ angemessen zurechtzukommen. Für ein gründliches, weiterführendes Schopenhauer-Studium ist der Vergleich der Auflagen aufschlussreich. Er zeigt z.B., wie Schopenhauer nachträglich den ersten Band terminologisch erweitert und überschreibt.

Es ist schwierig, wichtige Stellen aus der Einheit des Werks herauszutrennen. In der Vorrede zur ersten Auflage des ersten Bandes gibt Schopenhauer den Rat, den Text zweimal zu lesen, weil der Zusammenhang der Teile ein »organischer« ist und deshalb der Anfang das Ende beinahe so sehr voraussetzt wie das Ende den Anfang:

»*Ein einziger Gedanke* muß, so umfassend er auch seyn mag, die vollkommenste Einheit bewahren. Läßt er dennoch, zum Behuf seiner Mittheilung, sich in Theile zerlegen; so muß doch wieder der Zusammenhang dieser Theile ein organischer, d.h. ein solcher seyn, wo jeder Theil eben so sehr das Ganze erhält, als er vom Ganzen gehalten wird, keiner der erste und keiner der letzte ist, der ganze Gedanke durch jeden Theil an Deutlichkeit gewinnt und auch der kleinste Theil nicht völlig verstanden werden kann, ohne daß schon das Ganze vorher verstanden sei. – Ein Buch muß inzwischen eine erste und eine letzte Zeile haben und wird insofern einem Organismus allemal sehr unähnlich bleiben, so sehr diesem ähnlich auch immer sein Inhalt seyn mag: folglich werden Form und Stoff hier im Widerspruch stehn.« (W I, Vorr., VIII; vgl. VN I, Exordium, 87 ff.)

Schopenhauer, der seine Philosophie insgesamt als »organisches Ganzes« (HN I, 55) versteht, fordert methodisch ein aktives, standortwechselndes, komplettierendes Lesen. Unter Berücksichtigung dieser von Schopenhauer sehr ernst gemeinten Voraussetzung können einige wichtige Textstellen genannt werden, zu denen auch die Vorrede zur ersten Auflage des ersten Bandes gehört.

1. Buch: W I, § 1-7 (Welt ist Vorstellung, Leib als unmittelbares Objekt, Antinomie des Erkenntnisvermögens); W II, Kap. 1 (idealistische Grundansicht); W II, Kap. 7 (anschauende und abstrakte Erkenntnis); W II, Kap. 15 (Unvollkommenheiten des Intellekts); W II, Kap. 17 (Schopenhauers Metaphysikbegriff).

2. Buch: W I, §§ 18, 19, 22, 24 (Begriff »Wille«, Identität von Wille und Leib); W II, Kap. 19 (Primat des Willens im Selbstbewusstsein); W II, Kap. 20 (Objektivation des Willens); W I, § 25 (Platons Ideen); W I, § 27 (Kampf in der Natur); W II, Kap. 28 (Charakteristik des Willens zum Leben, Pessimismus).

3. Buch: W I, § 34 (Erkenntnis der Ideen); W II, Kap. 30 (reines Subjekt des Erkennens); W I, § 36 (Kunst, Genialität); W II, Kap. 31 (Genie); W I, § 38 (Leiden und ästhetisches Wohlgefallen); W I, § 39 (das Erhabene); W I, § 45 (das Schöne); W I, § 51 (Trauerspiel); W I, § 52 (Musik).

4. Buch: W I, § 53 (theoretische und praktische Philosophie); W II, Kap. 41 (Über den Tod); W I, § 55 (Freiheit des Willens); W I, § 57 (Dasein des Individuums, Leiden); W II, Kap. 46 (Nichtigkeit des Lebens, Optimismus und Pessimismus), W I, § 65 (Gut und Böse); W I, §§ 66, 67 (Mitleid); W I, § 68 (Verneinung des Willens zum Leben); W I, § 71 (Nirwana, Nichts); W II, Kap. 50 (Welt als Makranthropos).

Kant-Anhang: drei Hauptverdienste Kants (W I, 494-505), Metaphysik aus empirischen Erkenntnisquellen (W I, 506 f.), Berkeley (W I, 514), die Fehler Kants (W I, 516 ff.), Quelle der Irrtümer Kants (W I, 526 f.), Freiheit und Notwendigkeit (W I, 595-599), kategorischer Imperativ (W I, 619).

Trotz des wichtigen Organismus-Gedankens lässt sich sagen, dass gerade der 25 Jahre nach dem ersten veröffentlichte zweite

Band in sich abgerundete Kapitel von der Qualität großer, auch literarisch bedeutsamer Essays enthält, gleichsam vollendete Kleinorganismen, die durchaus auch für sich gelesen werden können. Hier trifft zu, was Schopenhauer an anderer Stelle sagt: »Meine Philosophie ist wie Theben mit hundert Thoren: von allen Seiten kann man hinein.« (E, Vorr., VI)

Schopenhauer bietet am 28. März 1818 F.A. Brockhaus den ersten Band zum Druck an. Der Brief ist aufschlussreich für Schopenhauers Selbsteinschätzung. Er stellt darin heraus, dass sein Werk, sieht man von Kants einmal ab, für die Neuzeit einzigartig ist: »Mein Werk also ist ein neues philosophisches System: aber neu im ganzen Sinn des Worts: nicht neue Darstellung des schon Vorhandenen: sondern eine im höchsten Grad zusammenhangende Gedankenreihe, die bisher noch nie in irgend eines Menschen Kopf gekommen. Das Buch, in welchem ich das schwere Geschäft, sie Andern verständlich mitzutheilen ausgeführt habe, wird, meiner festen Überzeugung nach, eines von denen seyn, welche nachher die Quelle und der Anlaß von hundert andern Büchern werden.« (B, 29)

Erkenntnistheorie (1. Buch)

Die Erkenntnistheorie entfaltet Schopenhauers Grundüberzeugung, dass der unmittelbare Gegenstand der Philosophie nicht die Dinge sind, sondern allein das Bewusstsein von den Dingen. Die Philosophie hat daher mit der Untersuchung des Erkenntnisvermögens, seiner Formen und Gesetze, wie auch der Gültigkeit und Schranken derselben, anzuheben. Schopenhauer kann hier auf grundlegende Vorarbeiten seiner Abhandlung *Ueber die vierfache Wurzel des Satzes vom zureichenden Grunde* zurückgreifen. Ein wesentliches Resultat der Erkenntnistheorie, die sich dem Idealismus von George Berkeley prinzipiell verpflichtet weiß, ist – zunächst –, dass sowohl das Dasein der gegenständlichen Welt (dies lehrt Berkeley) wie auch ihre gesetzmäßigen Formen Raum, Zeit, Kausalität (Satz vom Grund im Anschluss an Kant) von der Erkenntnis abhängen. Diese elementare Relation von Erkenntnis und Welt bzw. von Subjekt und Objekt – Schopenhauer spricht auch von Intellekt (Subjekt) und Materie – drückt der Welt trotz ihrer empirischen Realität den Stempel der Idealität auf.

Die Welt ist, wie die Metaphysik des 2. Buchs später ergänzt, ihrem Wesen nach Wille, ihrer Erscheinung nach Vorstellung. Anders gesagt: Die Welt als Vorstellung oder die vorgestellte Welt ist nur Erscheinung. Die Welt als Wille dagegen, die von der Vorstellung und ihren Formen unabhängig ist, ist die reale, wesenhafte, an sich seiende Welt. Die Welt ist ihrem Wesen nach weder Vorstellendes noch Vorgestelltes. (Vgl. W II, Kap. 1, 20) Die Erkenntnistheorie lässt die Vielheit der Dinge als Erscheinung, als etwas Bedingtes, erkennen, der ein Erscheinendes, ein Unbedingtes, zugrunde liegt, dem die Vielheit gänzlich fremd ist.

Schopenhauer philosophiert in seiner Erkenntnistheorie von verschiedenen Standpunkten aus. Diese auf wechselseitige Ergänzungen angelegte Perspektivenvielfalt ist ein Kennzeichen seiner Philosophie überhaupt. Infolge dieser Standpunktwechsel hat es einmal den Anschein, als sei er ein unbedingter, strenger Anhänger von Berkeleys subjektivem Idealismus sowie von Kants Transzendentalphilosophie. Hierfür, insbesondere für Berkeley, steht die Formel: »Kein Objekt ohne Subjekt.« Das andere Mal sieht es so aus, als sei er in Wahrheit ein eingefleischter Materialist und entstamme der französischen Tradition um Pierre Cabanis. Diese Tradition lehrt auf radikale Weise: Wie das Verdauen eine Funktion des Magens ist, so ist das Denken eine Funktion des Gehirns. Dies drückt die Formel »Kein Subjekt ohne Objekt« aus.

Während des von Schopenhauer geforderten zweiten Lesedurchgangs durch sein Hauptwerk können die Gegensätze der Standpunkte, wenn schon nicht leicht gelöst, so doch besser eingeordnet werden. Es zeigt sich, dass hinter Schopenhauers materialistischer Betrachtungsweise, wie sie in seiner Erkenntnistheorie *auch* vorkommt, bereits die metaphysische Perspektive steht: Der Wille ist das Ursprüngliche; der Wille verkörpert sich in einem Leib; die Erkenntnis ist bloß die organische Werkzeugfunktion eines Teils des Leibs, des Gehirns. Die metaphysische Perspektive wertet den Materialismus auf bzw. gibt der Transzendentalphilosophie eine über Kant hinausführende neue Wende.

Schopenhauers System bezieht Erkenntnistheorie und Metaphysik wechselseitig aufeinander, weil der Zusammenhang dieser beiden Teile des Werks ein »organischer«, also kein linear aufeinander aufbauender, d.h. gerade kein »architektonischer« sein soll. (Vgl. W I, Vorr., VII f. und VN I, Exordium, 87 f.) Erkenntnistheorie und Metaphysik sind beide als »Teile« eines »Ganzen« zu interpretieren. Aus Gründen der Darstellbarkeit behandelt Schopenhauer im 1. Buch die Welt nur, insofern sie Vorstellung ist. Er nimmt damit bewusst eine »willkürliche Abstraktion« vor, die dem intendierten organischen Ganzen des Systems noch nicht gerecht wird. Die Einseitigkeit dieser Abstraktion will er durch die »Wahrheit« des 2. Buchs ergänzen und kompensieren: »Die Welt ist mein Wille.«

Die Welt ist meine Vorstellung. Mit diesem lapidaren »Ursatz« eröffnet Schopenhauer sein Hauptwerk. Die Welt, gemeint ist zunächst die empirische Realität, ist nur als eine Vorstellung, als eine Erkenntnis da und hängt ab vom Erkennenden, der man selbst ist. Darauf kommt es Schopenhauer grundsätzlich an: allem redlichen Philosophieren die Erinnerung unverlierbar einzuschreiben, dass es kein Objekt gibt ohne ein Subjekt, das das Objekt vorstellt. Ein »Objekt an sich« ist ein »erträumtes Unding«, seine Annahme ein »Irrlicht in der Philosophie« (W I, § 1, 5). Es geht Schopenhauer in allen seinen Schriften um eine Philosophie des sich bei seiner Rechnung niemals selbst vergessenden Subjekts. Daher der Paukenschlag der Eröffnung:

»›Die Welt ist meine Vorstellung:‹ – dies ist eine Wahrheit, welche in Beziehung auf jedes lebende und erkennende Wesen gilt; wiewohl der Mensch allein sie in das reflektirte abstrakte Bewußtseyn bringen kann: und thut er dies wirklich; so ist die philosophische Besonnenheit bei ihm eingetreten. Es wird ihm dann deutlich und gewiß, daß er keine Sonne kennt und keine Erde; sondern immer nur ein Auge, das eine Sonne sieht, eine Hand, die eine Erde fühlt; daß die Welt, welche ihn umgiebt, nur als Vorstellung daist, d.h. durchweg nur in Beziehung auf ein Anderes, das Vorstellende, welches er selbst ist. [...] Keine Wahrheit ist also gewisser, von allen andern unabhängiger und eines Beweises weniger bedürftig, als diese, daß Alles, was für die Erkenntniß daist, also diese ganze Welt, nur Objekt in Beziehung auf das Subjekt ist, Anschauung des Anschauenden, mit einem Wort, Vorstellung. Natürlich gilt Dieses, wie von der Gegenwart, so auch von jeder Vergangenheit und jeder Zukunft, vom Fernsten, wie vom Nahen: denn es gilt von Zeit und Raum selbst, in welchen allein sich dieses alles unterscheidet. Alles, was irgend zur Welt gehört und gehören kann, ist unausweichbar mit diesem Bedingtseyn durch das Subjekt behaftet, und ist nur für das Subjekt da. Die Welt ist Vorstellung.« (W I, § 1, 3 f.)

Mit aller Entschiedenheit sucht Schopenhauer in Gedankenexperimenten zu demonstrieren, dass es unmöglich ist, sich eine Welt unabhängig von unserer Vorstellung vorzustellen. Zwar scheint es zunächst gewiss zu sein, dass die empirische Realität auch ohne ein erkennendes Subjekt existiert, weil es sich in abstracto denken lässt. Der Versuch aber, diesen Gedanken zu realisieren, also eine objektive Welt ohne ein erkennendes Subjekt zu imaginieren, muss scheitern, weil er das voraussetzt, was gerade ausgeschlossen werden soll: das erkennende Subjekt.

Das »Daseyn der Welt« hängt an einem einzigen Fädchen: »und dieses ist das jedesmalige Bewußtseyn, in welchem sie dasteht« (W II, Kap. 1, 4). Diese Bedingung, mit der das Dasein der Welt unwiderruflich behaftet ist, drückt ihr trotz der ihr zukommenden empirischen Realität den Stempel der Idealität auf. Es gehört zu Schopenhauers »idealistischer Grundansicht«, dass die ganze anschaubare, in Raum und Zeit sich erstreckende und nach dem Satz vom Grund konstituierte Welt nur Objekt in Beziehung auf das Subjekt – also Vorstellung – ist. Das Dasein der gegenständlichen Welt ist kein absolutes, unbedingtes, sondern nur ein relatives, bedingtes. Es ist nicht Ding an sich, es ist Erscheinung.

Schopenhauer entnimmt die »vollkommen Wahre Behauptung« (HN II, 247) – kein Objekt ohne Subjekt – der Philosophie von George Berkeley (1685-1753), die einen außerordentlich starken Einfluss auf ihn ausübt. Berkeleys[22] elementare Bedeutung wird von Schopenhauer selbst wiederholt hervorgehoben: »Kants Grundfehler ist daß er nicht den Satz aussprach und anerkannte: ›Kein Objekt ohne Subjekt‹, den *Berkeley* aufgestellt hatte zu seinem unsterblichen Verdienst.« (HN II, 398)

Berkeley lässt in den *Drei Dialogen zwischen Hylas und Philonous* (1713) die Personen Hylas (der »Materialist«) und Philonous (der »Freund des Geistes«) sich darum streiten, ob die Realität der Außenwelt beweisbar ist. Der irische Bischof Berkeley, der aufseiten von Philonous argumentiert, beabsichtigt mit seiner Schrift, die Position des atheistischen Materialismus zu stürzen und den Gottesgedanken zu stärken. Eine entscheidende Textstelle lautet:

»*Philonous*: Wie kamst du denn zu der Behauptung, daß du dir ein Haus oder einen Baum vorstelltest, der unabhängig und außerhalb jeglichen Geistes bestünde?

Hylas: Ich gebe zu, das war ein Versehen. Doch halt, laß mich bedenken, was mich dazu verleitete. Es ist ein ganz spaßhafter Fehler. Als ich mir einen Baum an einem einsamen Ort dachte, und niemanden dabei, ihn zu sehen, da dünkte mich, das hieße einen Baum vorstellen, der von niemand wahrgenommen und unbeachtet da sei, ohne zu bedenken, daß ich selbst ihn die ganze Zeit vorstellte. Aber jetzt sehe ich klärlich: ich kann weiter nichts als Vorstellungen in meinem eignen Geist bilden. Ich kann allerdings in meinen eigenen Gedanken die Vorstellung eines Baumes, eines Hauses oder eines Berges fassen – aber das ist auch alles. Und das beweist noch lange nicht, daß ich ihr *Dasein außerhalb des Geistes aller Seelenwesen* vorstellen kann.

Philonous: Du erkennst also an, daß du unmöglich dir vorstellen könnest, wie irgendein körperliches sinnliches Ding anders als in einem Geist bestehen sollte?

Hylas: Jawohl.«[23]

Um zu erweisen, dass ein Baum an einem einsamen Ort unabhängig vom Geist existiert, müsste Hylas sich vorstellen, dass er existiert, ohne dass er vorgestellt wird, was ein offenbarer Widerspruch ist. Das Einzige, worauf Hylas sich berufen kann, sind Vorstellungen (engl.: ideas) seines Bewusstseins.

Berkeley, Schopenhauer folgt ihm hierbei, löst die Dinge in Bewusstseinsinhalte auf. Die wirkliche Existenz einer Vorstellung ist von ihrem Wahrgenommenwerden nicht verschieden. Dies besagt Berkeleys berühmte Formel: »esse est percipi«, Sein ist Wahrgenommenwerden.[24] Alles Sein ist Bewusst-Sein, Vorgestellt-Sein, Sein der »ideas«. Berkeley will damit die Dinge nicht zu Vorstellungen verflüchtigen. Er sucht zu zeigen, dass unsere Vorstellungen schon die Dinge sind. »Es ist das Mißverständnis, daß ich die Wirklichkeit sinnlicher Dinge leugne.«[25]

Was Berkeley meint, wird durch folgende paradox klingende Formulierung deutlicher: »Wir essen und trinken Ideen und sind bekleidet mit Ideen.«[26] Die Ideen im Sinne Berkeleys sind keine Abbilder, sie sind bereits die wirklichen Dinge: die immer auf ein perzipierendes Bewusstsein bezogene Wirklichkeit. Durch die anstößige Änderung des Sprachgebrauchs – »Ideen« bzw. »Vorstellungen« statt »Dinge« – soll dies nicht mehr in Vergessenheit geraten.

Wichtig ist: Mit dieser Gleichsetzung von Vorstellung und Ding wird das Ding außerhalb oder unabhängig von der Vorstellung überflüssig. Es löst sich, wie bei Schopenhauer, als eine grundlose Verdopplung auf. Es gibt nur noch Vorstellungen, nicht außerdem noch vorstellungsunabhängige Gegenstände: Berkeley bestreitet, dass die Realität unserer alltäglichen Wahrnehmungen auf einem materiellen Substrat beruht, das jenseits jeder Wahrnehmung und unabhängig davon ist. Schopenhauer stellt diesen Sachverhalt in seiner späteren *Skitze einer Geschichte der Lehre vom Idealen und Realen* (1851) noch einmal pointiert heraus: »Das vorgestellte Ding und die Vorstellung von ihm ist das Selbe, aber auch nur das *vorgestellte* Ding, nicht das Ding *an sich* selbst: dieses ist stets *Wille*, unter welcher Gestalt auch immer er sich in der Vorstellung darstellen mag.« (P I, 21)

Schopenhauer hält den Terminus »Ding an sich« für irreführend, weil das Ding an sich kein *Ding* ist. Der Terminus suggeriert fälschlicherweise, es gäbe hinter den Vorstellungen – »draußen« – etwas an sich seiendes Gegenständliches, das die Vorstellungen zudem ursächlich bewirke. Schopenhauer behält den Terminus nur widerwillig bei, aus Respekt gegenüber Kant.[27]

Im Gegensatz zu Berkeley und Schopenhauer betont Kant stärker die Realität der Außenwelt. Für Kant, vereinfacht gesagt, gibt es reale, vom Bewusstsein unabhängige Dinge, aber alles, was von ihnen ausgesagt werden kann, hängt von unserem Bewusstsein und seinen apriorischen Formen ab. Wir haben es immer nur mit der Wirklichkeit zu tun, wie sie uns erscheint, nicht, wie sie an sich ist. Der zentrale Angelpunkt von Schopenhauers Kant-Kritik ist Kants Unterscheidung von Vorstellung und Gegenstand der Vorstellung. Er sieht hierin – unter Hinweis auf Berkeley[28] – die »Quelle der Irrthümer Kants« (W I, Anhang, 527). Eigentlich habe Kant dreierlei unterschieden: die Vorstellung, den Gegenstand der Vorstellung, das Ding an sich. Bei deutlicher Besinnung sei aber – auf diese Korrektur legt Schopenhauer allergrößten Wert – nichts weiter zu finden als Vorstellung und Ding an sich (Wille). »Wille« meint in metaphysischer Hinsicht immer etwas Nicht-Dinghaftes, Nicht-Gegenständliches. Schopenhauers Kritik an Kant wie auch seine Zustimmung gegenüber Berkeley machen deutlich, wie dezidiert Schopenhauers idealistischer Ansatz zunächst ist.

»Kein Objekt ohne Subjekt« ist der Satz, darin sind sich Berkeley wie Schopenhauer einig, der für immer allen Materialismus unmöglich macht. (Vgl. W I, § 7, 35) Schopenhauer weist den in vielen Formen auftretenden Materialismus, der sich rühmt, das Erkennen als Modifikation der Materie erklären zu können, zurück. Diese Position ist einseitig und dogmatisch, insofern sie sich subjektvergessen verabsolutiert und als einzig mögliche auftritt. Gleichwohl spielt sie bei ihm, wie sich gleich zeigen wird, auch eine wichtige, sogar eine sehr wichtige, aber weder eine untergeordnete noch eine übergeordnete Rolle. Von einer materialistischen oder physiologischen Wende kann bei ihm nicht gesprochen werden, wohl aber von einer beide Positionen – idealistische Grundansicht und Materialismus – anerkennenden, wechselseitig aufeinander zuordnenden »Drehwende«[29].

Schopenhauer trägt seine Kritik am Materialismus in enger Anlehnung an Berkeleys *Drei Dialogen* vor. Nur ist aus dem »spaßhaften Fehler« im Zitat oben jetzt ein homerisches Gelachter geworden:

»Wären wir nun dem Materialismus, mit anschaulichen Vorstellungen, bis dahin gefolgt; so würden wir, auf seinem Gipfel mit ihm angelangt, eine plötzliche Anwandlung des unauslöschlichen Lachens der Olympier spüren, indem wir, wie aus einem Traum erwachend, mit einem Male inne würden, daß sein letztes, so mühsam herbeigeführtes Resultat, das Erkennen, schon beim allerersten Ausgangspunkt, der bloßen Materie, als unumgängliche Bedingung vorausgesetzt war, und wir mit ihm zwar die Materie zu denken uns eingebildet, in der That aber nichts Anderes als das die Materie vorstellende Subjekt, das sie sehende Auge, die sie fühlende Hand, den sie erkennenden Verstand gedacht hätten. So enthüllte sich unerwartet die enorme *petitio principii*: denn plötzlich zeigte sich das letzte Glied als den Anhaltspunkt, an welchem schon das erste hieng, die Kette als Kreis.« (W I, § 7, 32)

Berkeley und Schopenhauer stimmen in ihrer idealistischen Grundansicht, dass die Welt Vorstellung ist, weitgehend überein. Sie unterscheiden sich aber in ihrer Metaphysik darin, dass für Berkeley die Vorstellungswelt von dem unendlichen Bewusstsein Gottes getragen und ihre Ordnung dadurch verbürgt wird, während sie der Atheist Schopenhauer als Erscheinung des blinden Willens deutet. Bei Berkeley gibt es nur endliche Geister und deren Vorstellungen in Abhängigkeit von Gott, bei Schopenhauer nur die Welt als Vorstellung (Erscheinungswelt) sowie die Welt als Wille (Ding an sich). »Der grundlose erkenntnislose Wille offenbart sich«, so fasst Nietzsche treffend Schopenhauers Grundgedanken zusammen, »unter einen Vorstellungsapparat gebracht, als Welt.«[30] – Dies ist (vorgreifend gesagt) Schopenhauers *Vorstellung* davon, wie die *Welt als Vorstellung* metaphysisch zu deuten ist.

Schopenhauers einprägsam formulierte Kritik am Materialismus könnte bei Berkeley stehen: »Der Materialismus ist die Philosophie des bei seiner Rechnung sich selbst vergessenden Subjekts.« (W II, Kap. 1, 15) Und Berkeleys Gleichsetzung von Vorstellung und Ding findet sich bei Schopenhauer unmissverständlich ausgesprochen: »Das Seyn der Dinge ist identisch mit ihrem Erkanntwerden. Sie sind, heißt: sie werden vorgestellt.« (VN I, Kap. 1, 126)

Kritik der Gehirnfunktionen. Die Welt ist Vorstellungsdasein. Ohne den Menschen gäbe es dieses Dasein nicht und ohne dieses Dasein wäre der Mensch weltlos. Gegenstand der Philosophie Schopenhauers ist die Erforschung und Entzifferung der Phänomenalität dieser ursprünglichen Gegebenheit, in der der Mensch immer sich selbst begegnet.

Schopenhauer bleibt aber nicht bei dem Satz »Kein Objekt ohne Subjekt« stehen. Er ergänzt ihn durch die gleichrangige, komplementäre Aussage: »Kein Subjekt ohne Objekt.« Das Subjekt lässt sich, so die grundsätzliche Formulierung, nur dann als ein Erkennendes denken, wenn es Erkenntnisse, Objekte hat. Ein Bewusstsein ohne Gegenstand ist kein Bewusstsein. Weder Objekt noch Subjekt sind denkbar ohne ihr jeweiliges Korrelat. »Wie nämlich kein Objekt ohne Subjekt seyn kann, so auch kein Subjekt ohne Objekt.« (W II, Kap. 19, 225)

Mit dem Satz »Kein Subjekt ohne Objekt« wird eine *zweifache* Betrachtungsweise des Intellekts möglich, durch die dem zugespitzten idealistischen Ansatz die gegenläufige Position eines dezidierten physiologischen Materialismus eingeschrieben wird. Entgegen seiner eher harmonisierenden Absicht, Einseitigkeiten im Denken ausgleichen zu wollen, richtet Schopenhauer dadurch eine brodelnde Hexenküche ein. Es hat fast den Anschein, als wolle er das hermetische Gehäuse der Welt als Vorstellung, den Bewusstseinskäfig des Individuums, durch den Funkenflug von Widersprüchen, Unvereinbarkeiten und Standortwechseln theoretisch aufsprengen. Ein Blick auf die einzelnen philosophischen Traditionen, die in Schopenhauers Erkenntnislehre zusammengezwungen werden, lässt die Dynamik und Explosivität leicht erkennen.

Die erste Betrachtung des Intellekts ist die subjektive (»subjektiv« ist hier nicht im psychologisch-individuellen Sinn gemeint). Sie geht gleichsam von innen aus und untersucht die apriorischen Funktionen des Intellekts. Die empirische Realität wird als Resultat des Erkenntnisvorgangs aufgefasst. Die zweite, neu hinzukommende Betrachtung ist die objektive. Sie hebt gleichsam von außen an und betrachtet den Intellekt als empirisches Ding unter Dingen, als Gehirn. Die empirische Realität erscheint jetzt als Voraussetzung des Erkenntnisvorgangs. Die Welt als Vorstellung wird materialistisch als physiologisch abhängig und bedingt vorgestellt.

Die erste Betrachtung, die, wenn auch mit erheblichen Einschränkungen und Veränderungen, der Transzendentalphilosophie Kants folgt (vgl. G, § 21), soll durch die zweite kompensiert werden, die der zeitgenössischen Physiologie gerecht werden möchte. Jetzt heißt es ausdrücklich, dass auch der Materialismus seine Berechtigung hat: »Es ist eben so wahr, daß das Erkennende ein Produkt der Materie sei, als daß die Materie eine bloße Vorstellung des Erkennenden sei: aber es ist auch eben so einseitig.« (W II, Kap. 1, 15)

Schopenhauer bezieht sich insbesondere auf den französischen Physiologen Pierre-Jean Georges Cabanis (1757-1808), dessen Werk *Über die Verbindung des Physischen und Moralischen in dem Menschen* (1802, dt. 1808) er 1824 kennen lernt. Daher auch die materialistischen Modifikationen späterer Auflagen (z.B. in W I und G, § 21). Wie der Magen die Speisen verdaut, so lautet Cabanis' berühmt gewordener Vergleich, so verarbeitet das Gehirn die Sinneseindrücke zu Vorstellungen. Auf diesen Vergleich greift Schopenhauer häufiger zurück, so schreibt er etwa: »Denn ein denkendes Wesen ohne Gehirn ist wie ein verdauendes Wesen ohne Magen.« (W II, Kap. 6, 70) Die objektive Welt ist unter diesem Gesichtspunkt »eigentlich nur eine gewisse Bewegung oder Affektion der Breimasse im Hirnschädel«, also ein »Gehirnphänomen« (W II, Kap. 22, 309; vgl. G, § 20, 44).[31] – Kants *Kritik der reinen Vernunft* liest er jetzt explizit neu: als »Kritik der Gehirnfunktionen« (W II, Kap. 1, 14).

Vereinfacht gesagt, bedeutet die subjektive und objektive Betrachtung des Intellekts dreierlei. 1. Die Aprioritätslehre Kants soll – wie Schopenhauer sie im *Satz vom Grund* umgebaut hat – beibehalten werden. 2. Die Aprioritätslehre soll gehirnphysiologisch neu begründet werden. 3. Diesen beiden korrelativ aufeinander bezogenen Betrachtungsweisen soll Berkeleys fundamentales Vorstellungsdasein, das einem Axiom gleicht, zugrunde gelegt werden: »Nun aber ist diesem Allen noch das *Berkeley'sche*, von mir erneuerte Resultat unterzubreiten, daß nämlich alles *Objekt*, welchen Ursprung es auch haben möge, schon *als Objekt* durch das Subjekt bedingt, nämlich wesentlich bloß dessen *Vorstellung* ist.« (W II, Kap. 1, 14)

Schopenhauer, der einmal vom subjektiven, einmal vom objektiven Standpunkt aus argumentiert, nimmt bewusst eine Zirkelstruktur in Kauf, die es so bei Kant nicht gibt. Sie resultiert daraus, dass Schopenhauer nicht nur vom Intellekt zur Erkenntnis der Welt geht (Kant), sondern auch von der als vorhanden angenommenen Welt zum Intellekt (Cabanis): »Allerdings setzt, in meiner Erklärung, das Daseyn des Leibes die Welt der Vorstellung voraus; sofern auch er, als Körper oder reales Objekt, nur in ihr ist: und andererseits setzt die Vorstellung selbst eben so sehr den Leib voraus; da sie nur durch die Funktion eines Organs desselben entsteht.« (W II, Kap. 22, 312)

Schopenhauers komplexe Erkenntnistheorie entzieht sich einer einfachen Etikettierung. Sicher ist, dass er Kants strengen transzendentalen Idealismus durchbricht, wenngleich er ihn in seinem Selbstverständnis beibehalten möchte. Eine materialistische oder physiologische Wende im Sinne einer sich letztlich durchsetzenden Position kann bei ihm aber nicht herausgelesen werden, auch nicht unter Berücksichtigung seiner Metaphysik. Dies hieße die Pluralität seiner Betrachtungsweisen beschränken.

Teile eines Ganzen. Im zweiten Band seines Hauptwerks personifiziert Schopenhauer die Abstraktionen »Das Subjekt« und »Die Materie« und lässt sie ein heftiges Streitgespräch führen, das trotz des versöhnlichen Schlusschors die Theoriendissonanz der Welt als Vorstellung zum Ausdruck bringt:

»*Das Subjekt.*
Ich bin, und außer mir ist nichts. Denn die Welt ist meine Vorstellung.

Die Materie.
Vermessener Wahn! Ich, ich bin: und außer mir ist nichts. Denn die Welt ist meine vorübergehende Form. Du bist ein bloßes Resultat eines Theils dieser Form und durchaus zufällig.

Das Subjekt.
Welch thörichter Dünkel! Weder du noch deine Form wären vorhanden ohne mich: ihr seid durch mich bedingt. Wer mich wegdenkt und dann glaubt euch noch denken zu können, ist in einer groben Täuschung begriffen: denn euer Daseyn außerhalb meiner Vorstellung ist ein gerader Widerspruch, ein Sideroxylon. *Ihr seid* heißt eben nur, ihr werdet von mir vorgestellt. Meine Vorstellung ist der Ort eures Daseyns: daher bin ich die erste Bedingung desselben.

Die Materie.
Zum Glück wird die Vermessenheit deiner Behauptung bald auf eine reale Weise widerlegt werden und nicht durch bloße Worte. Noch wenige Augenblicke, und du – bist wirklich nicht mehr, bist mit sammt deiner Großsprecherei ins Nichts versunken, hast, nach Schatten-Weise, vorübergeschwebt und das Schicksal jeder meiner vergänglichen Formen erlitten. Ich aber, ich bleibe, unverletzt und unvermindert, von Jahrtausend zu Jahrtausend, die unendliche Zeit hindurch, und schaue unerschüttert dem Spiel des Wechsels meiner Formen zu.

Das Subjekt.
Diese unendliche Zeit, welche zu durchleben du dich rühmst, ist, wie der

unendliche Raum, den du füllst, bloß in meiner Vorstellung vorhanden, ja, ist bloße Form meiner Vorstellung, die ich fertig in mir trage, und in der du dich darstellst, die dich aufnimmt, wodurch du allererst dabist. Die Vernichtung aber, mit der du mir drohest, trifft nicht *mich*; sonst wärst du *mit* vernichtet: vielmehr trifft sie bloß das Individuum, welches auf kurze Zeit mein Träger ist und von mir vorgestellt wird, wie alles Andere.

Die Materie.
Und wenn ich dir dies zugestehe und darauf eingehe, dein Daseyn, welches doch an das dieser vergänglichen Individuen unzertrennlich geknüpft ist, als ein für sich bestehendes zu betrachten; so bleibt es dennoch von dem meinigen abhängig. Denn du bist Subjekt nur sofern du ein Objekt hast: und dieses Objekt bin ich. Ich bin dessen Kern und Gehalt, das Bleibende darin, welches es zusammenhalt und ohne welches es so unzusammenhängend wäre und so wesenlos verschwebte, wie die Träume und Phantasien deiner Individuen, die selbst ihren Scheingehalt doch nur von mir geborgt haben.

Das Subjekt.
Du thust wohl, mein Daseyn mir deshalb, daß es an die Individuen geknüpft ist, nicht abstreiten zu wollen: denn so unzertrennlich, wie ich an diese, bist du an deine Schwester, die Form, gekettet, und bist noch nie ohne sie erschienen. Dich, wie mich, hat nackt und isolirt noch kein Auge gesehn: denn Beide sind wir nur Abstraktionen. *Ein* Wesen ist es im Grunde, das sich selbst anschaut und von sich selbst angeschaut wird, dessen Seyn an sich aber weder im Anschauen noch im Angeschautwerden bestehn kann, da diese zwischen uns Beide vertheilt sind.

Beide.
So sind wir denn unzertrennlich verknüpft, als nothwendige Theile eines Ganzen, das uns Beide umfaßt und durch uns besteht. Nur ein Mißverständniß kann uns Beide einander feindlich gegenüber stellen und dahin verleiten, daß Eines des Andern Daseyn bekämpft, mit welchem sein eigenes steht und fällt.« (W II, Kap. 1, 20 ff.)[32]

Schopenhauer fügt noch kommentierend hinzu: »Dieses Beide umfassende Ganze ist die Welt als Vorstellung, oder die Erscheinung. Nach deren Wegnahme bleibt nur noch das rein Metaphysische, das Ding an sich, welches wir im zweiten Buche als den Willen erkennen werden.« (W II, Kap. 1, 22)

Metaphysik (2. Buch)

Auf der Grundlage der Erkenntnistheorie (1. Buch) errichtet Schopenhauer die Metaphysik, die dadurch in erkenntniskritische Reflexionen eingebunden bleibt. In diesem Teil der Philosophie fasst er die Natur als eine gegebene, aber irgendwie bedingte Erscheinung auf, in der sich ein von ihr verschiedenes Wesen – das Ding an sich – darstellt. Schopenhauer vergleicht die Metaphysik, der es um die »Erlangung eines Verständnisses der gesammten Erscheinung« geht, mit der »Ablesung« einer rätselhaften, bis dahin unbekannten Schrift. Die Lösung des Rätsels der Welt muss aus dem Verständnis der Welt selbst hervorgehen und darf nicht, wie religiöse Dogmatiker und selbst noch Kant glauben, in etwas von der Welt gänzlich Verschiedenem, also in etwas Jenseitigem oder Transzendentem, gesucht werden. Nur eine Metaphysik, die die Erfahrung gerade nicht überfliegt, sondern das Ganze der Erfahrung auszulegen, zu übersetzen, seinen Sinn zu verstehen sucht, kann von der Erscheinung zu dem darin Erscheinenden, dem Ding an sich, gelangen.

Die Metaphysik weist das Ding an sich in unserem Willen nach. Schopenhauer unterteilt die Metaphysik aufgrund ihrer verschiedenen Gesichtspunkte dreifach in die Metaphysik (2. Buch), in die Ästhetik (3. Buch) und in die Ethik (4. Buch). Gelegentlich nennt er diese Teile auch: »Metaphysik der Natur«, »Metaphysik des Schönen« und »Metaphysik der Sitten« (vgl. P II, § 21, 20). Das 2. Buch des Hauptwerks zeichnet den Erkenntnisweg der Metaphysik nach und zeigt, wie Schopenhauer seine elementaren Resultate von der Interpretation der eigenen Leiberfahrung auf die Natur, d.h. auf die gesamte Welt überträgt.

Metaphysik als Entzifferung der Welt. In Schopenhauers Metaphysik ist von Anfang an sein Pessimismus präsent, ja, schon in die Fragestellung nach dem »innern und letzten Wesen der Erscheinung« mischt sich ein Ausdruck von Schmerz.

> »Auf Java [wurde] ein unabsehbares Feld ganz mit Gerippen bedeckt erblickt und für ein Schlachtfeld gehalten [...]: es waren jedoch lauter Gerippe großer, fünf Fuß langer, drei Fuß breiter und eben so hoher Schildkröten, welche, um ihre Eier zu legen, vom Meere aus, dieses Weges gehn und dann von wilden Hunden *(Canis rutilans)* angepackt werden, die, mit vereinten Kräften sie auf den Rücken legen, ihnen den untern Harnisch, also die kleinen Schilder des Bauches, aufreißen und so sie lebendig verzehren. Oft aber fällt alsdann über die Hunde ein Tiger her. Dieser ganze Jammer nun wiederholt sich tausend und aber tausend Mal, Jahr aus Jahr ein. Dazu werden also diese Schildkröten geboren. Für welche Verschuldung müssen sie diese Quaal leiden? Wozu die ganze Gräuelscene?« (W II, Kap. 28, 404 f.)

In diesen Zeilen zeigt sich Schopenhauers eigentümliche Verbindung von Leid und Philosophie: Das kann doch nicht wahr sein! So soll es um das Leben bestellt sein? Und ich gehöre – noch – dazu? Und dazu soll die Philosophie »das Maul halten« (W I, Anhang, 498)?[33] Das Zitat über Java stammt aus dem Kapitel »Charakteristik des Willens zum Leben« (W II, 28. Kap.), das durchgängig mit dem Pathos einer existenziellen Empörung und Auflehnung geschrieben ist. Auf der einen Seite steht die Ordnung der Natur, das Fressen und Gefressenwerden, auf der anderen Seite Schopenhauers entrüstetes »Nein!«, gerichtet gegen dieses Leben und alle Versuche, es zu beschönigen: »Wer die Behauptung, daß, in der Welt, der Genuß den Schmerz überwiegt, oder wenigstens sie einander die Waage halten, in der Kürze prüfen will, vergleiche die Empfindung des Thieres, welches ein anderes frißt, mit der dieses andern.« (P II, § 149, 310)

Die Leidenschaftlichkeit des Vortrags hängt auch mit Schopenhauers Vorrang der Anschauung, der »Urquelle aller Erkenntniß«, gegenüber dem Begriff zusammen. Es ist für ihn kennzeichnend, dass er immer wieder konkretisierbare, visualisierbare Beispiele und Szenarien vor Augen führt und durch solche »sinnlichen Vorstellungen« seinen Texten einen aufrüttelnden, Anteil nehmenden Ausdruck verleiht. Daher auch der häufige Gebrauch bildhafter Metaphern, die nicht nur gekonnter stilistischer Schmuck sind, sondern eine das Verständnis erweiternde und erschließende Funktion haben. Anschauungen regen auf, Abstraktionen vergleichgültigen. Schopenhauer knüpft hier indirekt auch an philosophische Traditionen vor Descartes an, in denen es – z. B. im Rahmen der sieben freien Künste, zu denen auch die Rhetorik gehört – noch nicht verpönt war, Leidenschaftlichkeit und Philosophie miteinander zu verbinden.[34] Hierzu ein kleines Textbeispiel, in dem die Reflexion auf den Tod den begleitenden Affekten weder ausweicht noch sie verleugnet: »Wir gleichen den Lämmern, die auf der Wiese spielen, während der Metzger schon eines und das andere von ihnen mit den Augen auswählt: denn wir wissen nicht, in unsern guten Tagen, welches Unheil eben jetzt das Schicksal uns bereitet, – Krankheit, Verfolgung, Verarmung, Verstümmelung, Erblindung, Wahnsinn, Tod u.s.w.« (P II, § 150, 310)

Das Bewusstsein von der Endlichkeit allen Daseins und der Vergeblichkeit allen Strebens lässt Schopenhauer zufolge die Verwunderung entstehen, das dem Menschen eigene »Bedürfniß einer Metaphysik«. Der Mensch ist ein »animal metaphysicum«, ein »metaphysisches Lebewesen« (W II, Kap. 17, 176): »Unter *Metaphysik*«, so definiert Schopenhauer ganz allgemein, »verstehe ich jede angebliche Erkenntniß, welche über die Möglichkeit der Erfahrung, also über die Natur, oder die gegebene Erscheinung der Dinge, hinausgeht, um Aufschluß zu ertheilen über Das, wodurch jene, in einem oder dem andern Sinne, bedingt wäre; oder, populär zu reden, über Das, was hinter der Natur steckt und sie möglich macht.« (W II, Kap. 17, 180)

Es sind das Wissen um den Tod sowie die Betrachtung des Leidens und der Not des Lebens, die zur metaphysischen Auslegung der Welt drängen. Diese Auslegung erhebt zugleich Einspruch dagegen, dass das Vorliegende und Vorfindbare, die Faktizität der empirischen Realität bereits das Letzte, das Absolute sei. – Ja, soll das denn schon alles sein? – Das ist die Frage der Metaphysik.

Grundsätzlich gesagt: Schopenhauers Metaphysik ist eine *Interpretation*, eine Auslegung der Welt als Vorstellung. Die empirische Realität, das Vorstellungsdasein »bedeutet« etwas. In ihm findet etwas seinen Ausdruck, was an sich nicht mehr vorstellbar ist, was sich weder durch Bilder anschauen noch durch Begriffe denken lässt. Dieses Sichausdrückende, dieses Sichdarstellende, dieses der Vorstellungsseite der Welt Abgewandte, ist das Ding an sich, das verstanden werden soll. Erklärt kann es nicht werden, weil das Prinzip aller Erklärung, der Satz vom Grund, nur Vorstellungen miteinander verknüpft. Das zu verstehende Ding an sich ist weder Vorstellung noch ist es dem Satz vom Grund unterworfen. Es liegt außerhalb von Raum, Zeit und Kausalität.

Metaphysik ist also »Entzifferung der Welt« (HN III, 156), ihre »Deutung und Auslegung« (W II, Kap. 17, 203). Sie ist vergleichbar mit der »Ablesung bis dahin räthselhafter Charaktere einer unbekannten Schrift« (P II, § 21, 19). Die Welt als Vorstellung gleicht einer Geheimschrift, einer »großen Hieroglyphe«. Das Ding an sich muss sein Wesen in der uns erscheinenden Welt ausdrücken, weil es in verwandelter Form nichts anderes als diese Vorstellungswelt selbst ist: »Demnach ist die Philosophie nichts Anderes, als das richtige, universelle Verständniß der Erfahrung selbst, die wahre Auslegung ihres Sinnes und Gehaltes. Dieser ist das Metaphysische, d.h. das in die Erscheinung bloß Gekleidete und in ihre Formen Verhüllte, ist Das, was sich zu ihr verhält, wie der Gedanke zu den Worten.« (W II, Kap. 17, 204)

Metaphysik als Interpretation der Erfahrungswelt bedeutet eine grundlegende Revision der Philosophie Kants.[35] Schopenhauer gibt das apriorische Wissenschaftsideal für die inhaltliche, metaphysische Seite seiner Philosophie auf. Er begnügt sich mit metaphysischen Wahrheiten, die nur noch eine annähernde, eine »approximative Allgemeingültigkeit« beanspruchen. In diesem eingeschränkten und doch zugleich erweiterten Sinn sucht er die Metaphysik vor ihrem Ende zu bewahren. Erweitert ist die Metaphysik, weil sie im Gegensatz zu Kant theoretisches Wesenswissen wieder zulässt, eingeschränkt ist sie, weil dieses Wesenswissen kein absolut notwendiges und allgemein gültiges mehr sein kann. Das Ding an sich gilt jetzt – mit solchen Änderungen und Einschränkungen – als erkennbar.

»Ich lasse ganz und gar *Kants* Lehre bestehn, daß die Welt der Erfahrung bloße Erscheinung sei und daß die Erkenntnisse *a priori* bloß in Bezug auf diese gelten: aber ich füge hinzu, daß sie, gerade als Erscheinung, die Manifestation Desjenigen ist, was erscheint, und nenne es mit ihm das Ding an sich. Dieses muß daher sein Wesen und seinen Charakter in der Erfahrungswelt ausdrücken, mithin solcher aus ihm herauszudeuten seyn, und zwar aus dem Stoff, nicht aus der bloßen Form der Erfahrung.« (W II, Kap. 17, 204)

Stets soll die Metaphysik an die Erfahrung, an die Immanenz des Vorstellungsdaseins, gebunden bleiben. Schopenhauer spricht von einer »Metaphysik aus empirischen Erkenntnisquellen« (W II, Kap. 17, 201). Ihre Aufgabe kann es nicht sein, »die Erfahrung, in der die Welt dasteht, zu überfliegen, sondern sie von Grund aus zu verstehn« (W I, Anhang, 507). In diesem Sinn wirft Schopenhauer folgende Fragen auf: Was ist diese Welt noch, außer dass sie unsere Vorstellung ist? Was bedeutet diese ganze Welt als Vorstellung? Was ist von dieser Erscheinung das Wesen, das Erscheinende, das Ding an sich? Und alle diese Fragen werden implizit oder explizit von der einen begleitet: Was hat es mit dem »Jammer dieser Welt« auf sich?

Die andere Seite der Welt. Der metaphysische Code heißt »Wille«. Seine Auffindung verdankt sich einer außerordentlichen Gegebenheit. Alles in der Natur ist dem Menschen nur auf dem Weg der Vorstellung, also von außen bekannt, mit einer Ausnahme, und diese Ausnahme ist er selbst. Seine Erkenntnis als Individuum ist an einen Leib gebunden – er ist kein »geflügelter Engelskopf ohne Leib« (W I, § 18, 118) –, der als einziges Objekt von allen übrigen auf zwei ganz verschiedene Weisen gegeben ist: einmal von außen als Vorstellung und einmal von innen als Wille. Von außen wird er als anschaubares Objekt erkannt, von innen als Mannigfaltigkeit von Empfindungen, Bedürfnissen, Leidenschaften.

Die doppelte Leiberfahrung gewährt einen Blick hinter die Kulissen, wenn auch nur bedingt. Der für Schopenhauers Metaphysik wichtige Ausgangspunkt (vgl. W I, § 18) ist: Würde der Mensch sich ausnahmslos von außen als Körper unter Körpern wahrnehmen und begreifen müssen, dann erschiene ihm der Gedanke, er habe überdies noch eine ganz andere Seite, absurd. Er könnte einen menschlichen Leib bis in alle Fasern hinein sezieren, er würde wie bei der Zertrümmerung eines Steins nur Äußeres, Objektives, Messbares finden, Relationen des Satzes vom Grund, aber nichts, was einem Willen ähnlich wäre. Worauf Schopenhauer im Folgenden hinaus will, ist, plausibel zu machen, dass die ganze Natur – dem menschlichen Leib analog –

noch eine vorstellungsabgewandte, gleichsam innere Willensseite hat. Am Beispiel der Zeugung lässt sich die zweifache, heterogene Gegebenheit des Leibes – Willensseite und Vorstellungsseite – verdeutlichen:

»Der Zeugungsakt nämlich stellt sich uns auf zweifache Weise dar: erstlich für das Selbstbewußtseyn, dessen alleiniger Gegenstand, wie ich oft nachgewiesen habe, der Wille mit allen seinen Affektionen ist; und sodann für das Bewußtseyn anderer Dinge, d.i. der Welt der Vorstellung, oder der empirischen Realität der Dinge. Von der Willensseite nun, also innerlich, subjektiv, für das Selbstbewußtseyn, stellt jener Akt sich dar als die unmittelbarste und vollkommenste Befriedigung des Willens, d.i. als Wollust. Von der Vorstellungsseite hingegen, also äußerlich, objektiv, für das Bewußtseyn von andern Dingen, ist eben dieser Akt der Einschlag zum allerkünstlichsten Gewebe, die Grundlage des unaussprechlich komplicirten animalischen Organismus, der dann nur noch der Entwickelung bedarf, um unsern erstaunten Augen sichtbar zu werden.« (W II, Kap. 41, 569)

Schopenhauer setzt Wille und Leib als identisch an. Der Leib des Individuums ist beides zugleich: einmal Wille, sodann Wille, der als Leib erscheint. Vermittelt durch eines seiner Organe, das Gehirn, tritt der Leib als gegenständliche, dem Satz vom Grund unterworfene Vorstellung in Erscheinung, ohne dabei aufzuhören, Wille zu sein. Der Leib ist nichts anderes als der objektivierte, zur Vorstellung gewordene Wille. Schopenhauer nennt die Wille-Leib-Identität wegen ihrer ursprünglichen, unableitbaren Besonderheit »*katexochen* [schlechthin] *philosophische Wahrheit*« (W I, § 18, 122). »Es ist ein Hauptsatz meiner Philosophie.« (HN I, 180)

Aufgrund dieser Identität stehen Wille und Leib (Vorstellung gewordener Wille) in keinem kausalen Verhältnis zueinander. Vielmehr sind sowohl der ganze Leib des Individuums als auch seine einzelnen Aktionen aufzufassen als ein sichtbar werdendes, aber noch zu entzifferndes und zu verstehendes Ausdrucksgeschehen des Willens, des unsichtbaren Dings an sich: »Der Leib ist daher das sichtbare Bild des Willens. Daher müssen die Theile des Leibes den Hauptbegehrungen, durch welche der Wille sich manifestirt, vollkommen entsprechen, müssen der sichtbare Ausdruck desselben seyn: Zähne, Schlund, Darmkanal sind der objektivirte Hunger: die Genitalien der objektivirte Geschlechtstrieb.« (VN II, Kap. 5, 91) Wie der Wille ist, so ist sein Leib, sein »sichtbarer Ausdruck«. Das Wort »Wille« entschlüsselt auch die Erscheinungen der Tiere: »Sagt nicht das Gebiß des Haifisches, die Kralle des Adlers, der Rachen des Krokodils schon aus, was sie wollen und wozu sie hergekommen?« (VN II, Kap. 5, 92)

Schopenhauer vollzieht mit der metaphysischen Decodierung der Welt als Vorstellung einen fundamentalen Standortwechsel. Er argumentiert jetzt aus dem Blickwinkel der Welt als Wille und nicht mehr allein aus dem der Welt als Vorstellung. Von der Vorstellung aus gesehen ist der Leib *Erscheinung* für ein erkennendes Subjekt, vom Willen aus gesehen ist er *Erscheinung* als Manifestation des metaphysischen Wesens der Welt.

Schon Frauenstädt stellt diesen »Doppelsinn der *Erscheinung* bei Schopenhauer« kritisch heraus.[36] Einmal verwendet Schopenhauer den Begriff »Erscheinung« ähnlich wie Berkeley und Kant, zum anderen eher wie Platon oder Spinoza. Schopenhauer selbst markiert den Standortwechsel von der Erkenntnislehre zur Metaphysik, indem er im Hinblick auf die Erscheinung des Leibes nicht mehr vom »unmittelbaren Objekt« der Vorstellung spricht, sondern von der »Objektität [Sichtbarkeit] des Willens«. Jetzt heißt es: »Der Wille ist das Wesen an sich des Menschen: sein Leib ist die Objektität dieses Willens, ist der Wille selbst, sofern er Vorstellung für das Gehirn geworden ist, oder ist der in die Vorstellung getretene Wille.« (HN IV 1, 71)

Der springende Punkt, die kühne Spekulation der Metaphysik Schopenhauers besteht darin, dass er das Schema der eigenen Leiberfahrung – Willensseite und Vorstellungsseite – durch einen Analogieschluss auf die gesamte Natur überträgt. Die Wille-Leib-Identität gilt als Modell für die Welt. Das, was sich uns lediglich als Vorstellung darstellt, beispielsweise andere Menschen, Tiere, Pflanzen, anorganische Natur, wird analog zur eigenen Leiberfahrung gedeutet und um eine vorstellungsabgewandte Willensseite ergänzt. Schopenhauer unterlegt spekulativ der ganzen Welt einen Willen, der dem menschlichen Willen, wie wir ihn an uns selbst erfahren, ähnlich sein soll. Er setzt die äußere Erfahrung mit der inneren in Verbindung und macht dabei die innere Erfahrung »zum Schlüssel jener« (W II, Kap. 17, 201). Das Selbstbewusstsein wird zum Interpreten des Bewusstseins anderer Dinge. »Demzufolge müssen wir die Natur verstehn lernen aus uns selbst, nicht umgekehrt uns selbst aus der Natur.« (W II, Kap. 18, 219; vgl. W II, Kap. 50, 739)

Schopenhauer verwendet und reflektiert den komplexen Begriff »Wille« behutsamer, als es zunächst in einer verkürzten Darstellung den Anschein haben mag.[37] Wegen der großen Ausdehnung, die der Begriff erfährt, spricht er von einer *»denominatio a potiori«* (W I, § 22, 132), was so viel heißt wie eine Benennung nach dem, was nach Abstrichen und Einschränkungen am ehesten in Betracht kommt. Der Begriff »Wille« wird in seiner Bedeutung enorm ausgedehnt, verändert, verfremdet, und doch soll das für uns Vertrauteste, Intimste an ihm nicht verloren gehen. Denn: »Unser *Wollen* [ist] die einzige Gelegenheit, die wir haben, irgend einen sich äußerlich darstellenden Vorgang zugleich aus seinem Innern zu verstehn, mithin das einzige uns *unmittelbar* Bekannte und nicht, wie alles Uebrige, bloß in der Vorstellung Gegebene.« (W II, Kap. 18, 219)

Die Entzifferung der Geheimschrift der Vorstellungswelt mit

dem Wort »Wille« bildet die Grundlage von Schopenhauers hermeneutisch ansetzender Metaphysik. Es ist allerdings seine erkenntniskritische Einschränkung hinzuzufügen, dass die innere Erkenntnis, die wir von unserem eigenen Willen haben, keineswegs eine erschöpfende und adäquate Erkenntnis des Dings an sich liefern kann. Zwischen Wille und Ding an sich gibt es eine unaufhebbare Differenz. Zwar ist die innere Erkenntnis im Gegensatz zur äußeren von zwei Formen der Vorstellung frei, von Raum und Kausalität, aber es bleiben noch die Form der Zeit sowie die des Erkennens und Erkanntwerdens überhaupt, die Subjekt-Objekt-Relation also. »Demnach hat in dieser innern Erkenntniß das Ding an sich seine Schleier zwar großen Theils abgeworfen, tritt aber doch noch nicht ganz nackt auf.« (W II, Kap. 18, 220)

Das so erkannte Ding an sich bleibt noch Erscheinung, Vorstellung. »Der Wille, so wie wir ihn in uns finden und wahrnehmen, ist nicht eigentlich das *Ding an sich.*« (VN II, Kap. 7, 101) Für uns jedoch ist es ein relativ Letztes. Ein Erkennen des Dings an sich im strengen Sinn ist für Schopenhauer schon darum unmöglich, weil das Erkennen wegfällt, wo das Ding an sich anfängt, und alle Erkenntnis grundsätzlich bloß auf Erscheinungen geht. (Vgl. W II, Kap. 22, 311)

In diesem zurückgenommenen, von Schopenhauer selbst oft nicht unmissverständlich genug herausgestellten Sinn macht der »Wille« die metaphysische Seite der Welt aus. Sie wird gedeutet und ausgelegt als etwas Nicht-Göttliches (aber Allmächtiges), Nicht-Personhaftes, Nicht-Rationales, Nicht-Bewusstes, Zeitloses, Raumloses, Grundloses, Nicht-Sichtbares, Unergründbares, zum Leben Drängendes. Schon in den Jahren 1814/1815 schreibt Schopenhauer: »Der *Wille* ist ein blinder Drang, ohne die Erkenntniß« (HN I, 229), »ein dunkler, dumpfer Drang zu leben, der sich am stärksten im reinen Geschlechtstrieb ausspricht.«

(HN I, 226) Entgegen der philosophischen Tradition schaltet Schopenhauer den Intellekt als den ursprünglichen Ort des Willens aus. Wo immer der Intellekt auftritt, in der Metaphysik spielt er eine sekundäre Rolle, seinem Rang und seiner Kraft nach. Die Erkenntnis ist ein Licht inmitten der grenzenlosen ursprünglichen Finsternis, in der es sich verliert.

In der *Welt als Wille und Vorstellung* teilt Schopenhauer einen »einzigen Gedanken« mit, wobei er davon überzeugt ist, dass jener zuvor noch nie gedacht wurde.[38] Je nachdem von welcher Seite dieser Gedanke betrachtet wird, zeigt er sich als Theorie des Erkennens, als Metaphysik der Natur, als Metaphysik des Schönen oder als Metaphysik der Sitten. An einer Stelle seines Hauptwerks fasst Schopenhauer diesen einen Gedanken pointiert zusammen:

»Daß diese Welt, in der wir leben und sind, ihrem ganzen Wesen nach, durch und durch *Wille* und zugleich durch und durch *Vorstellung* ist; daß diese Vorstellung schon als solche eine Form voraussetzt, nämlich Objekt und Subjekt, mithin relativ ist; und wenn wir fragen, was nach Aufhebung dieser Form und aller ihr untergeordneten, die der Satz vom Grund ausdrückt, noch übrig bleibt; dieses als ein von der Vorstellung *toto genere* Verschiedenes, nichts Anderes seyn kann, als *Wille*, der sonach das eigentliche *Ding an sich* ist. Jeder findet sich selbst als diesen Willen, in welchem das innere Wesen der Welt besteht, so wie er sich auch als das erkennende Subjekt findet, dessen Vorstellung die ganze Welt ist, welche insofern nur in Bezug auf sein Bewußtseyn, als ihren nothwendigen Träger, ein Daseyn hat. Jeder ist also in diesem doppelten Betracht die ganze Welt selbst, der Mikrokosmos, findet beide Seiten derselben ganz und vollständig in sich selbst. Und was er so als sein eigenes Wesen erkennt, das Selbe erschöpft auch das Wesen der ganzen Welt, des Makrokosmos: auch sie also ist, wie er selbst, durch und durch Wille, und durch und durch Vorstellung, und nichts bleibt weiter übrig. So sehn wir hier die Philosophie des Thales, die den Makrokosmos, und die des Sokrates, die den Mikrokosmos betrachtete, zusammenfallen, indem das Objekt beider sich als das Selbe aufweist.« (W I, § 29, 193)

Krieg aller gegen alle. »Denn wenn nicht der Streit in den Dingen herrschte, so würde alles Eines sein.« (W I, § 27, 175) Mit dieser, Empedokles zugeschriebenen, von Aristoteles überlieferten Sentenz unterstreicht Schopenhauer seine spekulative Gesamtinterpretation der Welt als Irrationalität und Dissonanz. Die Welt ist ein beständiger Kampfplatz aller Erscheinungen des Willens, wodurch dessen eigener »innerer Widerspruch mit sich selbst« (W I, § 52, 314) sichtbar wird. Am Leiden der Menschheit wird der »Widerstreit des Willens mit sich selbst« (W I, § 51, 298) ablesbar. Das Wesen der Welt, der blind drängende, grundlose, erkenntnislose Wille, ist mit sich selbst entzweit und führt gegen sich selbst eine entsetzliche Schlacht. Daher der Krieg aller gegen alle, daher das Leiden, das dem Leben als Leben innewohnt. »Durch die gesammte Natur läßt sich dieser Streit verfolgen, ja, sie besteht eben wieder nur durch ihn [...]: ist doch dieser Streit selbst nur die Offenbarung der dem Willen wesentlichen Entzweiung mit sich selbst.« (W I, § 27, 175)

Der unheilbare Zwiespalt des Willens mit sich selbst – des Willens in seinen Objektivationen, Verkörperungen – erreicht seine »deutlichste Sichtbarkeit« im allgemeinen Kampf der Tierwelt, »welche die Pflanzenwelt zu ihrer Nahrung hat, und in welcher selbst wieder jedes Thier die Beute und Nahrung eines andern wird [...], indem jedes Thier sein Daseyn nur durch die beständige Aufhebung eines fremden erhalten kann« (W I, § 27, 175). »Jedes ein Jäger und Jedes gejagt, Gedränge, Mangel, Noth und Angst, Geschrei und Geheul [...] *in secula seculorum.*« (W II, Kap. 28, 404) – Der »Wille zum Leben«, dieser »universelle Lebensdrang« (W II, Kap. 28, 400), schlägt die Zähne in sein eigenes Fleisch und ist in verschiedenen Gestalten »seine eigene Nahrung« (W I, § 27, 175).

Mit allem Nachdruck greift Schopenhauer auf Tierbeispiele zurück, um den sinnlosen Kreislauf des Lebens darzustellen wie auch seinen Pessimismus zu verteidigen. So beruft er sich z.B. auf einen Reisenden, der ein Eichhörnchen beobachtet hat, das gerade seine Jungen füttern will, als es plötzlich von einer Schlange fixiert wird. Durch eine unbarmherzige Gewalt wird das klagende Tier näher und näher an die Schlange herangezogen und gezwungen, sich selbst in ihren geöffneten Rachen zu stürzen. Schopenhauer kommentiert:

»An diesem Beispiel ersieht man, welcher Geist die Natur belebt, indem er sich darin offenbart. [...] Diese Geschichte ist [...] wichtig [...] als Argument zum *Pessimismus*: daß ein Thier vom andern überfallen und gefressen wird, ist schlimm, jedoch kann man sich darüber beruhigen: aber daß so ein armes unschuldiges Eichhorn, neben dem Neste mit seinen Jungen sitzend, gezwungen ist, schrittweise, zögernd, mit sich selbst kämpfend und wehklagend dem weit offenen Rachen der Schlange entgegenzugehn und mit Bewußtseyn sich hineinzustürzen, – ist so empörend und himmelschreiend, daß man fühlt wie Recht Aristoteles hat zu sagen: Die Natur ist dämonisch, nicht göttlich.« (W II, Kap. 28, 406)

Mit dem Menschen schließlich, dem »bipedischen Geschlecht«, betritt »ein wildes, entsetzliches Thier« die Arena, das wir meistens »bloß im Zustande der Bändigung und Zähmung, welcher Civilisation heißt« (P II, § 114, 225), kennen. Im »unaufhörlichen Vertilgungskrieg« (VN II, Kap. 14, 207) macht sich dieses »Raubthier« (P II, § 114, 227) durch das bei ihm hinzukommende Werkzeug der Vernunft die Pflanzen- und Tierwelt untertan, indem es »die Natur für ein Fabrikat zu seinem Gebrauch ansieht« (W I, § 27, 175).

Am furchtbarsten offenbart sich die Selbstentzweiung des sich objektivierenden Willens dadurch, dass das Menschengeschlecht jenen »endlosen und unversöhnlichen Kampf gegen einander« (W I, § 28, 182) in sich selbst weiterkämpft, sodass der Mensch für den Menschen ein Wolf ist. »Homo homini lupus«, wie Thomas Hobbes sagt.[39] Man betrachte nur, so Schopenhauer, was gelegentlich Menschen über Menschen verhängen, mit welchen raffinierten Martern einer den andern langsam zu Tode quält, und frage sich, ob Teufel mehr leisten könnten. Die Welt gleicht in vielem der Hölle und an Teufeln fehlt es nicht darin. Auch droht immer wieder inmitten des viel beschworenen Fortschritts der »Rückfall in die Barbarei«[40].

Schopenhauers Frage nach dem Ursprung des Übels steigert sich zu der Frage nach dem Ziel und Zweck des Willens zum Leben. Wenn wir uns der Natur fremd gegenüberstellen, um sie objektiv zu erfassen, so finden wir nur eine Absicht der Natur: die Erhaltung aller Gattungen. Das Individuum hat für die Natur nur einen indirekten Wert: Es ist das Mittel, die Gattung zu erhalten. Das Dasein des Individuums ist der Natur völlig gleichgültig.

Der Zweck des Individuums ist für Schopenhauer damit genannt. Aber was ist der Zweck der Gattung? Auf diese Frage bleibt die objektiv betrachtete Natur die Antwort schuldig. Schopenhauer kann bei aller Anstrengung keinen Sinn in dem rastlosen Treiben der Natur erblicken, im ungestümen Drängen ins Dasein, in dieser ängstlichen Sorgfalt für die Erhaltung der Gattungen: »Die Kräfte und die Zeit der Individuen gehn auf in der Anstrengung für ihren und ihrer Jungen Unterhalt, und reichen nur knapp, bisweilen selbst gar nicht dazu aus. Wenn aber auch hier und da ein Mal ein Ueberschuß von Kraft und dadurch von Wohlbehagen [...] bleibt; so ist dies viel zu unbedeutend, um für den Zweck jenes ganzen Treibens der Natur gelten zu können.« (W II, Kap. 28, 401)

In diesem Zusammenhang gelangt er zu einer seiner ernstesten und schwerwiegendsten Aussagen: Alles wiederholt sich immer wieder von vorne. Schopenhauer stößt auf die Figur des Kreises. Er sammelt empirische Belege für die sachliche Richtigkeit seiner Behauptung und drückt gerade durch die Sachlichkeit der Beispiele den von ihm beklagten Schmerz des Lebens aus.

Alle Lebewesen arbeiten für die Zukunft hin, die nachher Bankrott macht. Was kommt dabei heraus? Was wird erreicht durch das tierische Dasein? »Und da ist nun nichts aufzuweisen, als die Befriedigung des Hungers und des Begattungstriebes und allenfalls noch ein wenig augenblickliches Behagen, wie es jedem thierischen Individuo, zwischen seiner endlosen Noth und Anstrengung, dann und wann zu Theil wird.« (W II, Kap. 28, 403) Futter und Begattung sind das Ziel: »also nur die Mittel, die selbe traurige Bahn fortzusetzen und wieder anzufangen im neuen Individuo« (W II, Kap. 28, 404). Alles wiederholt sich; jahrein, jahraus; in alle Ewigkeit.

Beim Menschen wird die Sache zwar komplizierter, doch auch hier dreht sich alles ewig im Kreis. Ein Endzweck ist nicht erkennbar. Mit äußerster Anstrengung aller Leibes- und Geisteskräfte plagen sich die Menschen, als ob es nur Ziele von höchster Bedeutung gäbe, während ihr Dasein wie das aller übrigen Lebewesen bloß die Wiederholung des Immergleichen darstellt: Sie essen, um zu leben, und sie leben, um zu essen. Alles Leben beruht auf einem sinnlosen Drang, auf einem »unvernünftigen Trieb«. Das Leben ist sinnlos und dreht sich um sich selbst.

Schopenhauer biegt – unter atheistischen Vorzeichen – seine Philosophie wieder zurück zu einem Kreis-Denken, das der griechischen Antike sowie den indischen Traditionen des Brahmanismus und Buddhismus nahe kommt. (Vgl. W I, Anhang, 574)[41] Dies kann nur als Sinnverlust erfahren werden, denn Mittelalter und Neuzeit haben, stark vereinfacht gesagt, dem europäischen Denken eine lineare Gesamtperspektive eingepflanzt, eine Heilsgeschichte bzw. ein säkularisierter Fortschrittsglaube, die jetzt entzogen wird. Die Rückorientierung am griechischen und indischen Kreis-Denken zeichnet ein Leben ohne Sinn und Ziel: Es kommt weder wirklich Neues noch Besseres.

Von der Neuzeit aus gesehen bedeutet dieses metaphysisch fundierte Denken, das die menschliche Kultur und Geschichte mit einschließt, Eingesperrtsein, Nicht-vom-Fleck-Kommen, Verlorensein, Heteronomie, Enttäuschung, mit einem Wort: einen beschämenden Rückschritt – Wertungen, die diesem Denktypus in der Antike so nicht zukommen konnten. Retrospektiv kann dieses Kreis-Denken nur als Bankrotterklärung europäischer Aufklärungsideale verstanden werden, zu denen vorrangig die Autonomie der Vernunft gehört. Von hier aus wird auch Schopenhauers politisch resignativer, ja reaktionärer Zug verständlich: In der Weltgeschichte geht es nicht vernünftig zu. Die Menschen werden nicht von vorne zu vernünftigen Zielen gezogen, sondern von hinten getrieben. Insofern ist es für Schopenhauer letztlich unsinnig, die Regierungen für die Übel in der Welt verantwortlich zu machen. Und er hält es für eine optimistische Täuschung, von der »Perfektibilität des Menschengeschlechts« oder vom »unendlichen Fortschritt der Menschheit«[42] zu sprechen. Denn: »Die unaufhörlichen Bemühungen, das Leiden zu verbannen, leisten nichts weiter, als daß es seine Gestalt ändert.« (W I, § 57, 371)

Schopenhauer gibt seiner Pessimismus-Formel – »Alles Leben ist Leiden« – jetzt einen naturphilosophischen Ausdruck, wobei er, wenn auch in anderer Wertung, Nietzsche[43] vorwegnimmt: »Durchgängig und überall ist das ächte Symbol der Natur der Kreis, weil er das Schema der Wiederkehr ist: diese ist in der That die allgemeinste Form in der Natur, welche sie in Allem durchführt, vom Laufe der Gestirne an, bis zum Tod und der Entstehung organischer Wesen, und wodurch allein in dem rastlosen Strohm der Zeit und ihres Inhalts doch ein bestehendes Daseyn, d.i. eine Natur, möglich wird.« (W II, Kap. 41, 545)

Schopenhauers Ästhetik ist eine »Metaphysik des Schönen«. Sie betrachtet das Schöne nicht nur, sofern es in der Erfahrung gegeben ist, sondern fragt darüber hinausgehend nach dem »innren Wesen der Schönheit«. Untersucht wird, wie das Schöne mit dem »Wesen an sich unsres Selbst und der Welt« zusammenhängt. Da das Schöne in den Bereich der Künste fällt, wird das gemeinsame Ziel der Künste thematisiert und speziell ausgeführt, wie eine jede auf ihrem eigenen Weg ihr Ziel erreicht. In der Kunst findet der Mensch kurzfristig Erlösung vom Leiden.

Ontologische Bedeutung des Schönen. »Vor ein Bild«, bemerkt Schopenhauer zur Kunstbetrachtung, »hat Jeder sich hinzustellen, wie vor einen Fürsten, abwartend, ob und was es zu ihm sprechen werde; und, wie jenen, auch dieses nicht selbst anzureden: denn da würde er nur sich selbst vernehmen.« (W II, Kap. 34, 464) Dieses Zitat wirkt heute befremdlich, antiquiert, abweisend. Schopenhauers Kunstphilosophie, insbesondere seine Ideenlehre, hat der Rezeption schon immer Schwierigkeiten gemacht. Sie nimmt sich mit ihrem »heitern Inhalt« (W II, Kap. 28, 411) wie ein Fremdkörper aus. In Schopenhauers »Metaphysik des Schönen« kommt eine ganz lebendige, glückstrahlende, enthusiastische Erfahrungsfülle zum Ausdruck. Schmerz und Analyse sind die eine Seite seiner Philosophie, sicher die durchschlagendste, aber Glück und Analyse sind die andere Seite und diese hat durch ihre metaphysische Deutung Gewicht.

Für das Verständnis der Kunstphilosophie ist ein über Schopenhauers eigene Darstellung hinausgehender Hinweis auf die antike Tradition, die ihn noch existenziell ergreift, unerlässlich. Nur von hier aus wird nachvollziehbar, warum für ihn ein Kunstwerk Autorität hat, auf die es zu hören gilt – schweigend.

Das *Gastmahl* von Xenophon (ca. 450-354 v. Chr.) z.B. zeigt, wie das Schöne eine gewaltige erotische Macht auf den Menschen ausübt und ihn zum Göttlichen hinlenkt. In dem Text geht es u.a. um die Schönheit des Autolykos. Sie stellt sich als »eine Art natürliches Königstum« dar, sie zieht die Blicke auf sich »wie ein Licht, das in der Nacht erglänzt«, sie lässt jedem »in seiner Seele etwas widerfahren«, sie muss daher mit Eros selbst, der begeisterungsfähigen »Gottheit« gleichgesetzt werden, die die Menschen in ihren Bann zu schlagen vermag: »So ergriff Autolykos' Anblick alle, die in die Weihen dieser Gottheit eingeführt waren. Schweigsam waren sie nun also beim Mahl, als wäre es ihnen so von einem Herrn befohlen.«[44]

Die Schönheit hat für die Antike vorrangig nichts mit einer subjektiven, relativen Erfahrung zu tun. Hier geht es nicht um die Frage des individuellen Geschmacks oder einer beiläufigen, unverbindlichen Eigenschaft. In der Schönheit zeigt sich vielmehr das Sein, das Ursprüngliche, das Ewige, das Göttliche, das Gute. Der Schönheit kommt eine ontologische Bedeutung zu, die Gegenstand der Kunst ist. Kunst ist daher nicht Selbstzweck, sondern Mittel, einer höchsten objektiven Wirklichkeit teilhaft zu werden. »Alles Willkürliche, Eingebildete«, so schreibt Goethe 1797 auf seiner Italienreise über die »hohen Kunstwerke« der Antike, »fällt zusammen, da ist die Notwendigkeit, da ist Gott.«[45]

Xenophon versteht Kunst erstmals als Nachahmung (Mimesis) dieser ursprünglichen Schönheit. Sie gilt es, etwa in der Malerei, *ideal* darzustellen. Das Ideal ahmt die Schönheit am besten nach. In einem kleinen Dialog zwischen Sokrates und dem Maler Parrhasios erörtert Xenophon das Problem des Idealen: »*Sokrates:* ›So gewiß ihr nun schöne Körper darstellen wollt, seht ihr euch viele Gestalten an und haltet euch an das, was an jeder am schönsten ist, da man nicht leicht bei einem einzigen Menschen alles in tadelloser Form finden kann. Auf diese Weise gelingt es euch, menschliche Körper in ihrer Gesamtheit als schön erscheinen zu lassen.‹ *Parrhasios*: ›So machen wir es.‹«[46]

Platon vertritt in seinem *Symposion* und im *Phaidros*, noch entschiedener als Xenophon, eine Auffassung des Schönen, die ontologisch ist und die sich von der Mimesis des bloß empirisch Sichtbaren ganz löst. Sein Ausgangspunkt ist die menschliche Grunderfahrung des Eros, die in der sichtbaren Körpererfahrung beginnt und über aufsteigende Stufen zum Urseienden führt, das als das Schöne bezeichnet wird. Vom Sinnlichen zum Geistigen führt der Weg, ein Weg der Entsinnlichung. Der Eros ist bei Platon ein Dämon, ein Mittler zwischen den Welten. Er lenkt den Berauschten, den in Liebe Schmachtenden, den Begeisterten, den, der außer sich gerät in seinem Drang nach dem begehrten Schönen, hin zu den Ideen, hin in das Gebiet des göttlich Guten. Das Ziel selbst – die Ideen, die Urformen aller Dinge – kennt kein Werden und Vergehen, sondern nur ideales Sein. Es ist das Ewige, das außerhalb der Zeit steht. Der Schauende – »die Augen voll des Glanzes«[47] – ist wie verwandelt, und das, was er sieht, hat gar keine Ähnlichkeit mehr mit den Objekten der empirischen Realität, den Schatten in der Höhle. Dieser Aufstieg ist bei Platon nicht Sache der Kunst, sondern der Philosophie.

Platons Verhältnis zur Kunst dagegen ist ambivalent, kritisch, abweisend. Er wirft ihr vor, lediglich die Schatten in der Höhle nachzuahmen, also Schatten von Schatten anzufertigen. Statt sich nach dem wirklich wahren Schönen auszurichten, begnügt sich Kunst mit täuschendem Schein und fördert, so Platon, eine für die Polis verderbliche Neigung zur Ästhetisierung und Subjektivierung. Platon wehrt sich gegen den Einbruch der die Werte relativierenden Sophistik auch in der Kunst. Schönheit gilt ihm als eine Bestimmung des Seienden selbst, nicht als eine Eigenschaft des gelungenen Kunstwerks.

Zu dieser antiken Tradition des Schönen, vermittelt durch die alten griechischen Originaltexte und bereichert durch die großen klassischen Literaturen Europas, hat Schopenhauer einen tiefen, aber anderen Zugang, als er uns heute möglich ist. Seine existenzielle Ergriffenheit und sein ursprüngliches metaphysisches Fürwahrhalten sind für uns wohl nicht mehr ohne weiteres nachvollziehbar. Das Schöne in der Kunst wie auch in der Natur wird bei Schopenhauer geradewegs durch seine ontologische Bedeutung als Garant für eine höhere Wirklichkeit nicht nur interpretativ gesetzt, sondern auch so erlebt und erfahren. Die Kunst verbürgt begeisternd und beglückend eine andere Welt. Die Werke von Raphael und Correggio werden im letzten Paragraphen der *Welt als Wille und Vorstellung* (W I, § 71) in den Rang eines »ganzen und sicheren Evangeliums« gehoben, durch das Erlösung bereits verlässlich verkündet ist. Das Kunstschöne bezeugt, dass es noch etwas ganz anderes als die empirische Realität gibt, dass ein unbeschreibliches Glück gleichsam außerhalb der platonischen Höhle möglich ist. Im Gegensatz zu Platons Kunstkritik – aber in Verbundenheit mit dessen ontologischer Bedeutung des Schönen – erhält damit die Kunst bei Schopenhauer einen unbedingten Rang. Die durch Kunstwerke vermittelte anschauliche Erkenntnis wird gegenüber der begrifflich-abstrakten Erkenntnis der Philosophie als eine mindestens ebenbürtige Weise bestimmt, die Welt zu erfassen. An einer Stelle heißt es sogar, dass die von Lehren und Worten unabhängige ästhetische Anschauungsweise die »tiefste und wahrste Erkenntniß vom eigentlichen Wesen der Welt« (VN III, Kap. 1, 39) ist. Zu dieser überaus großen Wertschätzung der Kunst gehört auch, dass Schopenhauer gerade bei Künstlern, Dichtern und Musikern bereits zu Lebzeiten großen Zuspruch und Anerkennung erfährt. Thomas Mann nennt die Philosophie Schopenhauers die »Künstlerphilosophie par excellence«[48].

Entscheidend aber ist: Für Xenophon, für Platon und auch noch für Plotin in der Spätantike fällt das Schöne mit der göttlichen Ordnung der Welt zusammen oder rückt ganz in deren Nähe, ist mit ihr harmonisch vermittelbar. Bei Schopenhauer hingegen ist das Schöne dem unheilen, unersättlichen Willen, dem Wesen der Welt kontrapunktisch entgegengesetzt. Wo der Wille herrscht, kann die Kunst nicht vernommen werden. Und wo die Kunst spricht, verstummt der Wille. Die Bejahung des Willens ist Verneinung der Kunst, und erst die Verneinung des Willens ist Bejahung der Kunst. Man muss die extreme Dimension der geistigen Zerrissenheit und Zwiespältigkeit Schopenhauers erahnen, die sich hierin ausdrückt. Einerseits steht Schopenhauer noch auf dem Boden der Goethezeit, lebt noch aus der Fülle des Geistes antiker Bildhaftigkeit, andererseits erlebt und weiß er diesen Boden schon als abgründig, ist er schon erfasst vom maßlosen Geist der Umwälzungen der beginnenden Industrialisierung Europas, der Fabrikation der Welt für den menschlichen Verbrauch. Ähnlich wie bei Heinrich Heine geht ein »großer Weltriß«[49] durch sein Denken, der zugleich die zerrissene Gestalt des allgemeinen Bewusstseins mitteilt, das heimatlose Oszillieren zwischen Idealismus und Materialismus. Heine schreibt 1834 in seiner *Geschichte der Religion und Philosophie in Deutschland*: »Hört ihr das Glöckchen klingeln? Kniet nieder – Man bringt die Sakramente einem sterbenden Gotte.«[50]

Bei Platon führt der Drang nach Schönheit auf den Weg zum Urseienden, Unvergänglichen, Unwandelbaren, Ewigen – zu den Ideen. Im *Symposion* heißt es an der Stelle, an der Diotima, die fremde Priesterin aus Mantinea, Sokrates in die »Geheimnisse der Liebe« einweiht:

»Wer nämlich bis hierher in der Liebe erzogen ist, das mancherlei Schöne in solcher Ordnung und richtig schauend, der wird, indem er nun der Vollendung in der Liebeskunst entgegengeht, plötzlich ein von Natur wunderbar Schönes erblicken, nämlich jenes selbst, o Sokrates, um deswillen er alle bisherigen Anstrengungen gemacht hat, welches zuerst immer ist und weder entsteht noch vergeht, weder wächst noch schwindet, ferner auch nicht etwa nur insofern schön, insofern aber häßlich ist, noch auch jetzt schön und dann nicht, noch in Vergleich hiermit schön, damit aber häßlich, noch auch hier schön, dort aber häßlich, als ob es nur für einige schön, für andere aber häßlich wäre. Noch auch wird ihm dieses Schöne unter einer Gestalt erscheinen, wie ein Gesicht oder Hände oder sonst etwas, was der Leib an sich hat, noch wie eine Rede oder eine Erkenntnis, noch irgendwo an einem andern seiend, weder an einem einzelnen Lebenden, noch an der Erde, noch am Himmel; sondern an und für und in sich selbst ewig überall dasselbe seiend, alles andere Schöne aber an jenem auf irgendeine solche Weise Anteil habend, daß, wenn auch das andere entsteht und vergeht, jenes doch nie irgendeinen Gewinn oder Schaden davon hat, noch ihm sonst etwas begegnet. Wenn also jemand vermittels der echten Knabenliebe von dort an aufgestiegen jenes Schöne anfängt zu erblicken, der kann beinahe zur Vollendung gelangen. Denn dies ist die rechte Art, sich auf die Liebe zu legen oder von einem andern dazu angeführt zu werden, daß man von diesem einzelnen Schönen beginnend jenes einen Schönen wegen immer höher hinaufsteige, gleichsam stufenweise von einem zu zweien, und von zweien zu allen schönen Gestalten, und von den schönen Gestalten zu den schönen Sitten und Handlungsweisen, und von den schönen Sitten zu den schönen Kenntnissen, bis man von den Kenntnissen endlich zu jener Kenntnis gelangt, welche von nichts anderem als eben von jenem Schönen selbst die Kenntnis ist, und man also zuletzt jenes selbst, was schön ist, erkenne. Und an dieser Stelle des Lebens, lieber Sokrates, sagte die Mantineische Fremde, wenn irgendwo, ist es dem Menschen erst lebenswert, wo er das Schöne selbst schaut [...], das göttlich Schöne [...]. Meinst du wohl, daß das ein schlechtes Leben sei, wenn einer dorthin sieht und jenes erblickt und damit umgeht?«[51]

Bei Schopenhauer lässt sich dieser »Aufstieg« nicht mehr mit dem Wesen der Welt in Einklang bringen. Er verneint den Willen zum Leben, um in dieser Verneinung einen sehr alten Schatz von unvorstellbarer Schönheit bewahren zu können, der durch die Bejahung des Weltwesens vollends zu versinken droht. Nichts Geringeres als das von Schopenhauer diagnostizierte Wesen der Welt selbst steht dem Aufstieg ins Göttliche im Sinne Platons entgegen. Das Wesen der Welt erscheint in der Ideenschau als schön, aber es ist nicht in Ordnung. (Vgl. W II, Kap. 46, 667) Es ist, und dies bedeutet einen Bruch mit der europäischen Tradition, nicht mehr das Gute.[52] Diese geistige – übermenschliche – Widerständigkeit schleppt Schopenhauer durch seine gesamte Metaphysik. Vielleicht könnte man hier von einem ästhetischen Pessimismus sprechen. In ihm scheint sich auch unsere historisch entstandene Erschwernis zu zeigen, Platons ontologische Bedeutung des Schönen überhaupt noch zu verstehen, geschweige denn ihr zu folgen.

Seligkeit des willenlosen Anschauens. Die Kunst, die »ästhetische Freude« am Schönen (P II, § 205, 443), ist eine Vorstufe der Erlösung, die Vorwegnahme einer anderen Welt ohne Mangel und Leid für kurze Zeit. Sie gewährt einen beglückenden Zustand, »wodurch diejenige Ruhe des Herzens eintritt, welche außerdem auf der Welt nicht zu erlangen ist« (W II, Kap. 30, 423). In der ästhetischen Anschauungsweise emanzipiert sich der Intellekt von seiner natürlichen Bestimmung, dem stets fordernden Willen lebenspraktisch dienen und nützlich sein zu müssen. Befreit vom »Sklavendienste des Willens« (W I, § 38, 231), ist er in den Augenblicken tiefer betrachtender Kontemplation ganz und gar von dem ästhetischen Gegenstand ausgefüllt und verhält sich rein objektiv anschauend. Die Welt als Vorstellung löst sich für eine Feierstunde von der Welt als Wille. Nun ist nicht mehr der individuelle Wille, das egoistische Besitzergreifen und Habenwollen maßgebend, sondern das interesselose Schauen. »Wir feiern den Sabbath der Zuchthausarbeit des Wollens.« (W I, § 38, 231; VN III, Kap. 8, 92)

In der »willenlosen Kontemplation«, bei der das abstrakte Denken ausgeschaltet ist, findet eine doppelte Verwandlung statt. Auf der Seite des Subjekts erweitert der Anschauende sich zu einem überindividuell entgrenzten reinen Subjekt des Erkennens: »Das ganze Bewußtseyn ist nur noch der klare Spiegel des dargebotenen Objekts, ist das Medium darin dieses in die Welt als Vorstellung tritt: man weiß von *sich* nur insofern man von dem Objekt weiß: man bleibt nur noch bestehn als *reines Subjekt des Erkennens*: man weiß, für den Augenblick, nur noch daß hier angeschaut wird; aber nicht mehr *wer* der Anschauende ist: das ganze Bewußtseyn ist durch ein einziges anschauliches Bild gänzlich erfüllt und eingenommen.« (VN III, Kap. 3, 54 f.) – Der Anschauende ist nicht mehr Individuum.

Auf der Seite des Objekts wird das Angeschaute verwesentlicht. Das Objekt wird so angeschaut, als ob es allein da wäre, ohne jemanden, der es wahrnimmt, somit nicht im Licht von Relationen, von Bedingungen, sondern als Unbedingtes: »Wenn also solchermaaßen das Objekt aus aller Relation zu etwas außer ihm, das Subjekt aus aller Relation zum Willen getreten ist: dann ist, was also erkannt wird, nicht mehr das einzelne Ding als solches; sondern es ist die *Idee*, die ewige Form.« (W I, § 34, 210) – Das Angeschaute ist nicht mehr einzelnes Ding unter anderen Dingen.

Der Anschauende lässt sich von der Anschauung nicht mehr trennen. Beide werden »Eines« (W I, § 34, 210), erfüllen und durchdringen sich gegenseitig vollkommen. Schopenhauer spricht von »sich hingeben«, »sich versenken«, »sich verlieren«. Genau diese Erkenntnisweise, so Schopenhauer, hat Spinoza im Auge, wenn er in seiner Ethik schreibt: »Der Geist ist ewig, sofern er die Dinge unter dem Gesichtspunkt der Ewigkeit auffaßt.« (W I, § 34, 211; übers.)[53]

Schön ist alles, was sich so darstellt, dass es die Idee seiner Gattung deutlich macht, gleichgültig, ob es sich dabei um Gegenstände der Natur (Naturschönes) oder um Kunstwerke (Kunstschönes) handelt. Schopenhauer gibt seinen Studenten in der großen Berliner Vorlesung ein Beispiel:

»Ich finde einen Baum *schön*: dann habe ich ihn ästhetisch betrachtet, also ihn mit künstlerischem Auge angesehn: sodann aber ist, was ich betrachtet habe, nicht dieser individuelle Baum gewesen, sondern es war die Idee seiner Gattung, die sich mir offenbarte: darum sind der Baum und ich während dieser Anschauung, aus allen Relationen hinausgehoben worden: daher ist es nun ganz einerlei und ohne alle Bedeutung, ob der Baum den ich anschaute, gerade dieser, oder ob es sein vor tausend Jahren blühender Vorfahr gewesen: eben so hatte es auf diese ästhetische Auffassung keinen Einfluß und ist ganz einerlei, ob ich, der Betrachter, dieses Individuum war, oder irgend ein andres das irgendwann und irgendwo gelebt hat.« (VN III, Kap. 10, 117)

Die Schau des Schönen – das kontemplative »Gleichgewicht« (W I, § 34, 212) zwischen willensfreiem Subjekt und platonischem Urbild außerhalb von Zeit, Raum und Kausalität – ist ein »Unterpfand« für die »Möglichkeit eines Daseyns, das nicht im Wollen besteht« (VN III, Kap. 8, 96). In diesem schmerzlosen Zustand, den Epikur als den »Zustand der Götter« preist, sind wir »gleichsam in eine andere Welt getreten« und haben uns des »leidigen Selbst entledigt« (W I, § 38, 231 ff.). »Wir sind nur noch da als das *eine* Weltauge, was aus allen erkennenden Wesen blickt«; das Bewusstsein ist ganz der Erkenntnis, der »Seeligkeit des willenlosen Anschauens« (W I, § 38, 233) hingegeben. »Die Welt als Vorstellung ist dann allein noch übrig, und die Welt als Wille ist verschwunden.« (W I, § 38, 234)

In der Kontemplation der platonischen Idee ist der Satz vom Grund, das »letzte Princip aller Endlichkeit, aller Individuation« (W I, 199), mit seinen vier Gestalten gänzlich außer Kraft gesetzt: 1. Grund des Erkennens: »Es ist keine Kontemplation möglich so lange die Objekte der Vernunft, die Begriffe, das Bewußtseyn beschäftigen, sondern da ist abstraktes Denken, stets weiter getrieben durch den Satz vom Erkenntnisgrunde der stets das *Weswegen* erneuert.« 2. Grund des Werdens: »So lange der Verstand dem Kausalgesetz nachgeht und die Ursachen des betrachteten Objekts sucht, kontemplirt er nicht; ihm läßt das *Warum* keine Ruhe.« 3. Grund des Handelns: »Das Subjekt des Wollens muß [...] gänzlich gebannt seyn, also auch alle *Motivation.*« 4. Grund des Seins: »Das kontemplirte Objekt muß herausgerissen seyn aus dem Strome des Weltlaufs, sein Wo und sein Wann gemäß dem Grunde des Seyns muß vergessen seyn. [...] nur dadurch wird seine Anschauung befreit von der letzten und am festesten haftenden Gestaltung des Satzes vom Grunde, der Zeit.« (VN III, Kap. 3, 55 f.; vgl. HN I, 128)

Das reine Subjekt des Erkennens, das für das Wissen nicht länger eine welterobernde Macht ist, blickt als das Auge der Welt aus allen erkennenden Wesen und spiegelt vom Willensdienst ungetrübt – unbedingt – das Wesen der Dinge selbst. Es enthüllt sich »das ganze Ding an sich, nur unter der Form der Vorstellung« (W I, § 32, 206). Die eigentliche Welt als Vorstellung »ersteht« (W I, § 34, 212; vgl. W I, § 34, 212).

Die Künste im Einzelnen. Schopenhauer behandelt in seiner Kunstphilosophie auch ausführlich die einzelnen Künste. Er gruppiert sie in bildende Künste, Poesie und Musik. Ein wesentlicher Aspekt seiner Darstellung ist die Entlastung vom Willensdruck durch Kunst.

Die bildenden Künste erleichtern die Erkenntnis der Ideen: Unsere Freude an der Landschaftsmalerei, aber auch am Stillleben oder an gemalter Architektur »liegt nicht hauptsächlich in der Auffassung der dargestellten Ideen unmittelbar, sondern mehr im subjektiven Korrelat dieser Auffassung, in dem reinen willenlosen Erkennen; da, indem der Maler uns die Dinge durch seine Augen sehn läßt, wir hier zugleich eine Mitempfindung und das Nachgefühl der tiefen Geistesruhe und des gänzlichen Schweigens des Willens erhalten, welche nöthig waren, um die Erkenntniß so ganz in jene leblosen Gegenstände zu versenken und sie mit solcher Liebe, d.h. hier mit solchem Grade der Objektivität, aufzufassen.« (W I, § 44, 258) Der Anblick einer schönen menschlichen Gestalt – ideal, ohne Begehren dargestellt – entlastet und beglückt am meisten.

Die Poesie schlägt vor allem im Trauerspiel einen ernsten Ton an. Dieser »Gipfel der Dichtkunst« stellt den namenlosen Schmerz und Jammer der Menschheit dar, zeigt den Widerstreit des Willens mit sich selbst und deutet dadurch auf die Verneinung des Willens zum Leben hin. Der Zuschauer wird aufgerufen (vgl. VN III, Kap. 16, 212), vom Wollen einer Welt abzulassen, in der Zufall, Irrtum und Bosheit herrschen. »Im Augenblick der tragischen Katastrophe wird uns, deutlicher als jemals, die Ueberzeugung, daß das Leben ein schwerer Traum sei, aus dem wir zu erwachen haben.« (W II, Kap. 37, 495) So fordert das Trauerspiel ein »ganz anderartiges Daseyn«, eine »andere Welt«, wodurch die Darstellung der schrecklichen Seite des Lebens wohltätig wirken und ein hoher Genuss sein kann.

Die Musik nimmt unter allen Künsten den höchsten Rang ein. Sie gibt kein Abbild einer Idee, durch die der Wille sich objektiviert, sie ist Abbild des Willens selbst. Sie redet »von lauter Wohl und Wehe, als welche die alleinigen Realitäten für den *Willen* sind« (P II, § 218, 457). Daher drückt sie nicht diese oder jene emotionale Regung aus, wie sie empirisch vereinzelt vorkommt, sondern gleichsam in abstracto Wesentliches: *die* Freude, *die* Betrübnis, *den* Schmerz, *das* Entsetzen, *den* Jubel, *die* Lustigkeit, *die* Ruhe des Gemüts. Der Zuhörer erfährt in den vom musikalischen Kunstwerk erzeugten Gefühlen – in einem metaphysischen Sinn – das Wesen der Welt, den Willen als Ding an sich.

Er nimmt in sich interesse- und begierdelos die Strukturen auf, die in der Musik objektiv angelegt sind, und erfährt dadurch eine Erhabenheit der Stimmung. Die Musik ist ein »Kathartikon des Gemüthes« (W II, Kap. 33, 461), ein reinigendes »Bad des Geistes« (VN III, Kap. 17, 227), ein »Panakeion [Allheilmittel] aller unserer Leiden« (W I, § 52, 309).

Ethik (4. Buch)

Schopenhauers Ethik, seine »Metaphysik der Sitten«, will das menschliche Handeln erforschen, ihm aber keine moralischen Vorschriften machen. Der Allmacht des blinden, nicht vernünftigen Willens ist weder mit gesellschaftspolitischen Wunschvorstellungen noch mit Normen der Vernunft, etwa mit dem kategorischen Imperativ Kants, beizukommen. Die Vorstellung, die menschliche Welt als Ganzes verbessern zu können, wird als Illusion zurückgewiesen. Demgegenüber gilt es, das, was die Menschen in der Empirie tatsächlich tun oder unterlassen, ohne Beschönigung zu untersuchen und metaphysisch zu deuten. Das Handeln der Menschen wird im Zusammenhang »mit dem Wesen an sich unsres Selbst und der Welt überhaupt« betrachtet.

Schopenhauer ermittelt das Mitleid und die Resignation als weitere, über die Kunst hinausgehende Möglichkeiten, dem Leiden zu begegnen. Das Mitleid, wo immer es spontan vorkommt, durchschaut (auf eine intuitive, vorbegriffliche Weise) den Grundirrtum der Welt als Vorstellung – den Egoismus –, schränkt dessen Macht ein und lindert das Leiden. Die Trennwand zwischen Ich und Du wird aufgehoben. Der Mitleidende erfasst dabei vor jeder Reflexion und unabhängig von ethischen Normen oder Dogmen, dass – in metaphysischer Hinsicht – allen individuierten Dingen und Lebewesen *ein einziges* Wesen zugrunde liegt und leidet.

Aus der Erkenntnis der Allgemeinheit des Leidens kann die Resignation hervorgehen. In ihr, der Verneinung des Willens zum Leben, hebt sich der Grund des Leidens, der Wille selbst auf. Was die Willensverneinung wirklich bedeutet, ist nicht zu begreifen. Sie kann weder beabsichtigt herbeigeführt noch moralisch gefordert werden. Auch ist sie nicht mit dem Selbstmord zu verwechseln. Die Philosophie kann diese Verneinung nur negativ ausdrücken, z.B. durch die Worte »Nichts« oder »Nirwana der Buddhisten«. Diese Aufhebung des Willens ist die Erlösung vom Leiden, die die Macht des Egoismus bricht.

Grundirrtum des Egoismus. »Der Tod [ist] die große Gelegenheit, nicht mehr Ich zu seyn.« (W II, Kap. 41, 582) – Das vierte Buch bringt den Fundamentalgedanken, die »tiefe und schmerzliche Sehnsucht« (W I, § 71, 486) von Schopenhauers metaphysischem Pessimismus zum Ausdruck: die Möglichkeit von etwas ganz Anderem ohne Ich. Nur in diesem Zustand, in dieser veränderten Erkenntnisweise, wie sie schon in der Kunstbetrachtung für kurze Zeit erfahrbar war, sieht Schopenhauer den antimoralischen Egoismus wirklich überwunden. Denn: »Ein *Ich* und ein *Egoismus* sind Eins.« (HN III, 166) Der ewige Kreislauf des universalen Schuld- und Leidzusammenhangs kann durch eine Wendung des Willens, die die Preisgabe des Ich, die Zurücknahme aller Individualität, bedeutet, für immer durchbrochen werden.

Im vierten Buch stellt Schopenhauer zunächst den Egoismus, die »moralische Isolation« (E, § 22, 272), als Bejahung des Willens zum Leben heraus. Das Mitleid, die einzig wahre Liebe, nimmt die Grenze zwischen Ich und Nicht-Ich zurück und hebt sie im moralischen Handeln als Täuschung auf. Am Ende des vierten Buchs steht die als Möglichkeit angenommene, mit dem Tod verbundene, aber über ihm stehende »Erkenntniß ohne Centrum« (HN III, 167), die Verneinung des Willens zum Leben, das Nirwana: das »Nichts« (W I, letztes Wort).

Schopenhauer stößt bei der Erörterung des Egoismus auf einen paradoxen Sachverhalt. »Die Natur selbst widerspricht sich geradezu, je nachdem sie vom Einzelnen oder vom Allgemeinen aus, von innen oder von außen, vom Centro oder von der Peripherie aus redet.« (W II, Kap. 47, 689) Ihr Zentrum hat die Natur in jedem Individuum, denn jedes Individuum ist Wille zum Leben. Vom Individuum aus gesehen spricht der Wille: »Ich allein bin Alles in Allem: an meiner Erhaltung ist Alles gelegen, das Uebrige mag zu Grunde gehn, es ist eigentlich nichts.« (W II, Kap. 47, 689) Dies ist der Standpunkt des Selbstbewusstseins. Anders stellt sich derselbe Sachverhalt dar vom Standpunkt des objektiven Erkennens, also des Bewusstseins von anderen Dingen. Hier, von außen, von der Peripherie aus, redet die Natur folgendermaßen: »Das Individuum ist nichts und weniger als nichts. Millionen Individuen zerstöre ich tagtäglich, zum Spiel und Zeitvertreib: ich gebe ihr Geschick dem launigsten und muthwilligsten meiner Kinder preis, dem Zufall, der nach Belieben auf sie Jagd macht. Millionen neuer Individuen schaffe ich jeden Tag, ohne alle Verminderung meiner hervorbringenden Kraft.« (W II, Kap. 47, 689)

Jedes Individuum, das nach innen blickt und sich als Wille zum Leben erfährt, sieht sich als Mittelpunkt der Welt. Blickt es hingegen nach außen, so ist es auf dem Gebiet der Vorstellung. Hier sieht es sich als ein Individuum unter vielen Individuen, als etwas Unbedeutendes oder Verschwindendes. Einmal ist es Zentrum der Welt, einmal Randerscheinung. »Folglich«, schreibt Schopenhauer, »ist jedes, auch das unbedeutendeste Individuum, jedes Ich, von innen gesehn, Alles in Allem; von außen gesehn hingegen, ist es nichts, oder doch so viel wie nichts.« (W II, Kap. 47, 690) Auf diesem Gegensatz, auf dieser sich selbst widersprechenden Natur beruht der Egoismus. In ihm gelangt der innere Widerstreit des Weltwillens als Ding an sich zur fürchterlichen Offenbarung:

»Der *Egoismus* ist, seiner Natur nach, gränzenlos: der Mensch will unbedingt sein Daseyn erhalten, will es von Schmerzen, zu denen auch aller Mangel und Entbehrung gehört, unbedingt frei, will die größtmögliche Summe von Wohlseyn, und will jeden Genuß, zu dem er fähig ist, ja, sucht wo möglich noch neue Fähigkeiten zum Genusse in sich zu entwickeln. Alles, was sich dem Streben seines Egoismus entgegenstellt, erregt seinen Unwillen, Zorn, Haß: er wird es als seinen Feind zu vernichten suchen. Er will wo möglich Alles genießen, Alles haben; da aber dies unmöglich ist, wenigstens Alles beherrschen: ›Alles für mich, und nichts für die Andern‹, ist sein Wahlspruch. Der Egoismus ist kolossal: er überragt die Welt. Denn wenn jedem Einzelnen die Wahl gegeben würde zwischen seiner eigenen und der übrigen Welt Vernichtung; so brauche ich nicht zu sagen, wohin sie, bei den Allermeisten, ausschlagen würde. Demgemäß macht Jeder sich zum Mittelpunkte der Welt.« (E, § 14, 196 f.)

Der Egoismus – beim Menschen wird er noch durch Bosheit und Grausamkeit überboten – ist »eigentlich identisch« mit dem innersten Kern und Wesen aller Lebewesen. In ihm bejaht sich der Wille zum Leben, wodurch das Leiden unabsehbar vermehrt wird: »Mancher Mensch wäre im Stande, einen andern todtzuschlagen, bloß um mit dessen Fette sich die Stiefel zu schmieren.« (E, § 14, 198) Schopenhauer bezweifelt, dass es sich hierbei um eine Übertreibung handelt.

Befangen im »principium individuationis« (in Zeit und Raum als dem Prinzip der Individuation), der Form der Erscheinung, getäuscht durch den Schleier der Maja (Illusion der Vielheit), sieht das egoistische Individuum nicht das Ding an sich, vielmehr die zeitlich und räumlich individuierten Erscheinungen. Diese beschränkte Erkenntnis macht die Welt als Vorstellung aus, die Welt der unendlichen Relationen einzelner Erscheinungen, alle dem Satz vom Grund unterworfen. Auf diese in unzähligen Vorstellungen zersplitterte Welt ist das Begehren des Willens ausgerichtet, in sie hat er sich heillos verirrt. »Diese Täuschung gehört zu dem schweren Traum, in welchen er als Wille zum Leben verfallen ist.« (W II, Kap. 41, 574) Aufgrund solch täuschender Vorspiegelung sieht das Individuum nicht das Wesen der Dinge, das »Eines« ist, sondern projizierte, phantasmagorische, traumartige Erscheinungen, alle gesondert, getrennt, unzählbar, einander entgegengesetzt.

So haftet dem ungeheuerlichen Egoismus der »Grundirrthum« (W II, Kap. 47, 690) an, dass die Menschen einander gegenseitig »Nicht-Ich« sind. Der Erkenntnisapparat – der Satz vom Grund bzw. die Gehirnfunktionen – erzeugt den Schein der empirischen Realität, dass die auf Raum und Zeit beruhende Vielheit der Individuen (principium individuationis) absolut, etwas Unbedingtes sei. In dieser verzerrten Welt als Vorstellung erkennt der gegen sich selbst wütende Wille seine Einheit nicht und bleibt in seinem Wahn blind. Der Grundirrtum, der mit dem Egoismus einhergeht, verstellt also die Erkenntnis, dass wir alle in metaphysischer Hinsicht ein und dasselbe Wesen sind. Schopenhauer nennt es in seinen *Philosophischen Vorlesungen* auch das »wahre Ich« (VN IV, Kap. 7, 185; vgl. W I, § 66, 441).

Das individuelle Dasein ist bei Schopenhauer bis aufs Äußerste fraglich, zerbrechlich, illusionär geworden:

»Denn, wie auf dem tobenden Meere, das, nach allen Seiten unbegränzt, heulend Wasserberge erhebt und senkt, auf einem Kahn ein Schiffer sitzt, dem schwachen Fahrzeug vertrauend; so sitzt, mitten in einer Welt voll Quaalen, ruhig der einzelne Mensch, gestützt und vertrauend auf das *principium individuationis*, oder die Weise wie das Individuum die Dinge erkennt, als Erscheinung. Die unbegränzte Welt, voll Leiden überall, in unendlicher Vergangenheit, in unendlicher Zukunft, ist ihm fremd, ja ist ihm ein Mährchen: seine verschwindende Person, seine ausdehnungslose Gegenwart, sein augenblickliches Behagen, dies allein hat Wirklichkeit für ihn: und dies zu erhalten, thut er Alles, solange nicht eine bessere Erkenntniß ihm die Augen öffnet.« (W I, § 63, 416 f.)

Mitleid. Die Macht des Egoismus ist nur dadurch zu brechen, so Schopenhauer, dass ich auf irgendeine Weise mit dem anderen »identifizirt« bin, mit ihm mitempfinde, sein Leid als mein eigenes fühle. Im Mit-Leiden liegt mir das Wohl und Wehe des anderen unmittelbar am Herzen, sodass es zum Beweggrund meines Handelns wird. Das Mitleid hindert mich daran, ihn zu verletzen, oder drängt mich, ihm zu helfen; und dies nicht, weil ich mitleidend sein soll, sondern weil ich es bin. Das Mitleid spielt in Schopenhauers Ethik eine Schlüsselrolle. Es ist wegen seiner Uneigennützigkeit das »ethische Urphänomen« (E, § 21, 260), das »Fundament« (E, § 19, 231) aller Moralität: »Nur sofern eine Handlung aus ihm entsprungen ist, hat sie moralischen Werth: und jede aus irgend welchen andern Motiven hervorgehende hat keinen.« (E, § 16, 208 f.)

Schopenhauer steht bei dieser hohen Bewertung des Mitleids, das nicht sentimental herablassend gemeint ist, u.a. in einem direkten und engen Bezug zur französischen Aufklärung, insbesondere zu Rousseau, dem »größten Moralisten der ganzen neuern Zeit«, dem »tiefen Kenner des menschlichen Herzens« (E, § 19, 246). Rousseau preist im ersten Teil seiner Abhandlung *Über den Ursprung der Ungleichheit unter den Menschen* (1755) das der Reflexion vorausliegende Mitleid (pitié) als »natürliches Gefühl«, als »Humanität«. Schopenhauer selbst weist durch größere Zitate nachdrücklich auf diese Abhandlung hin. (Vgl. E, § 19, 246 f.)[54] Er bezieht sich auch auf das folgende Zitat aus Rousseaus Erziehungsroman *Emil oder Über die Erziehung* (1762):

»In der Tat, wie ist es möglich, daß wir uns zum Mitleid bewegen lassen, wenn nicht dadurch, daß wir uns außerhalb unserer selbst versetzen und uns mit dem Wesen, welches leidet, identifizieren, dadurch daß wir sozusagen unser Selbst aufgeben, um das seinige anzunehmen. Wir leiden dabei nur in dem Maße, wie wir glauben, daß es leidet; nicht in uns leiden wir, sondern in ihm.« (E, § 19, 247) Schopenhauer spricht in sehr ähnlichen Worten (vgl. E, § 16, 211), die allerdings im Kontext seiner Metaphysik von der All-Einheit alles Lebendigen stehen.

Im Mitleiden, dem »großen Mysterium der Ethik« (E, § 16, 209), das dennoch alltäglich vorkommt, bricht die Erkenntnis durch, dass mein wahres inneres Wesen in jedem Lebenden so unmittelbar existiert, wie es sich in meinem Selbstbewusstsein nur mir selbst kundgibt. Diese intuitive, vorbegriffliche Erkenntnis, in der die Schranken der Vielheit und Verschiedenheit, die Schranken von Ich und Du fallen, ist das Mitleiden. Auf ihr allein beruht alle Tugend, insbesondere die Gerechtigkeit und die Menschenliebe. Die metaphysische Einheit des Willens wird in allen seinen Erscheinungen erfasst. Ein und dasselbe Wesen ist es, das sich in allem Lebenden darstellt und leidet – auch in den »Thieren als unseren Brüdern« (E, § 19, 245). Das Mitleid ist universell.

Dem Mitleidenden ist in seiner uneigennützigen Liebe zu »Allem, was Leben hat« (E, § 20, 253), der Schleier der Maja durchsichtig geworden:

»Sich, sein Selbst, seinen Willen erkennt er in jedem Wesen, folglich auch in dem Leidenden. Die Verkehrtheit ist von ihm gewichen, mit welcher der Wille zum Leben, sich selbst verkennend, hier in Einem Individuo flüchtige, gauklerische Wollüste genießt, und dafür dort in einem *andern* leidet und darbt, und so Quaal verhängt und Quaal duldet, nicht erkennend, daß er, wie Thyestes, sein eigenes Fleisch gierig verzehrt, und dann hier jammert über unverschuldetes Leid und dort frevelt ohne Scheu vor der Nemesis, immer und immer nur weil er sich selbst verkennt in der fremden Erscheinung, und daher die ewige Gerechtigkeit nicht wahrnimmt, befangen im *principio individuationis*, also überhaupt in jener Erkenntnißart, welche der Satz vom Grunde beherrscht. Von diesem Wahn und Blendwerk der Maja geheilt seyn, und Werke der Liebe üben, ist Eins. Letzteres ist aber unausbleibliches Symptom jener Erkenntniß.« (W I, § 66, 441)

Der Mitleidende erkennt, dass er selbst es ist – sein »wahres Ich« (VN IV, Kap. 7, 185) oder sein »wahres Selbst« (W I, § 66, 441) –, das in allem lebt, was auf der weiten Welt Qual erleidet. Das Gewahrwerden meines »wahren Ich« ist die unmittelbare, intuitive, auf Anschauungen bezogene Erkenntnis der metaphysischen Identität aller Lebewesen. Gegenüber der geistig beschränkten und engherzigen Erkenntnisweise des »principium individuationis«, des unwahren egoistischen Ich, ist sie die ganz andere, den Bann der Täuschung lösende Erkenntnisweise des Mitleidens, der Liebe. Schopenhauer verwendet hierfür auch die Sanskrit-Formel »tat twam asi«: »Das [nämlich auch dieses Lebende] bist du«. Dieses offene Gutsein, das sich weder lernen noch als Pflicht gebieten lässt – Schopenhauer nennt es die »Güte des Herzens« –, weist auf eine über dieses Leben hinausreichende Ordnung hin, an die die Sprache und die Philosophie nicht heranreichen:

»Denn wie Fackeln und Feuerwerk vor der Sonne blaß und unscheinbar werden, so wird Geist, ja Genie, und ebenfalls die Schönheit, überstrahlt und verdunkelt von der Güte des Herzens. Wo diese in hohem Grade hervortritt, kann sie den Mangel jener Eigenschaften so sehr ersetzen, daß man solche vermißt zu haben sich schämt. Sogar der beschränkteste Verstand, wie auch die groteske Häßlichkeit, werden, sobald die ungemeine Güte des Herzens sich in ihrer Begleitung kund gethan, gleichsam verklärt, umstrahlt von einer Schönheit höherer Art, indem jetzt aus ihnen eine Weisheit spricht, vor der jede andere verstummen muß. Denn die Güte des Herzens ist eine transscendente Eigenschaft, gehört einer über dieses Leben hinausreichenden Ordnung der Dinge an und ist mit jeder andern Vollkommenheit inkommensurabel. Wo sie in hohem Grade vorhanden ist, macht sie das Herz so groß, daß es die Welt umfaßt, so daß jetzt Alles in ihm, nichts mehr außerhalb liegt; da sie ja alle Wesen mit dem eigenen identifizirt. Alsdann verleiht sie auch gegen Andere jene gränzenlose Nachsicht, die sonst Jeder nur sich selber widerfahren läßt. Ein solcher Mensch ist nicht fähig, sich zu erzürnen: sogar wenn etwan seine eigenen, intellektuellen oder körperlichen Fehler den boshaften Spott und Hohn Anderer hervorgerufen haben, wirft er, in seinem Herzen, nur sich selber vor, zu solchen Aeußerungen der Anlaß gewesen zu seyn, und fährt daher, ohne sich Zwang anzuthun, fort, Jene auf das liebreichste zu behandeln, zuversichtlich hoffend, daß sie von ihrem Irrthum hinsichtlich seiner zurückkommen und auch in ihm sich selber wiedererkennen werden.« (W II, Kap. 19, 261 f.)

Erkenntnis ohne Zentrum. Am Ende von Schopenhauers pessimistischer Philosophie steht der »Zustand der freiwilligen Entsagung« (W I, § 68, 448), der Resignation, der wahren Gelassenheit oder der gänzlichen Willenlosigkeit. Infolge des Sich-eins-Wissens mit der »leidenden Menschheit«, der »leidenden Thierheit« und der »hinschwindenden Welt« wendet sich der Wille mit »Abscheu« (W I, § 68, 448, 451) vom Leben ab und verneint es: »Vergleichen wir das Leben einer Kreisbahn aus glühenden Kohlen, mit einigen kühlen Stellen, welche Bahn wir unablässig zu durchlaufen hätten; so tröstet den im Wahn Befangenen die kühle Stelle, auf der er jetzt eben steht, oder die er nahe vor sich sieht, und er fährt fort die Bahn zu durchlaufen. Jener aber, der, das *principium individuationis* durchschauend, das Wesen der Dinge an sich und dadurch das Ganze erkennt, ist solchen Trostes nicht mehr empfänglich: er sieht sich an allen Stellen zugleich, und tritt heraus.« (W I, § 68, 448 f.)[55]

Wieder verwendet Schopenhauer die Kreisfigur. Diesmal aber dient sie nicht als Ausdruck des Ausgeliefertseins, der Bejahung des Immergleichen, sondern als Bild einer Alternative, einer Weigerung, einer Überschreitung und Aufhebung der alten Ordnung. Dies ist der Übergang von der Tugend zur Askese, der die *Erlösung* folgen kann. Der Atheist Schopenhauer denkt diese »Verneinung des Willens zum Leben«, die nicht mit dem Selbstmord verwechselt werden darf (vgl. W I, § 69, 471 ff.), radikal als Mortifikation, als Abtötung der Begierden. Die »Ertödtung des Eigenwillens« (W I, § 68, 453) aus eigenem Gelingen ist »nur unter unaussprechlichen innern Quaalen« (HN III, 350) möglich. Jetzt gilt: »Die Erkenntniß ist ohne Centrum: es ist kein Egoismus und *eo ipso* auch kein Ich mehr da: [...] die Bürde des Daseyns, oder das Ich, ist abgeworfen.« (HN III, 167) Die Willensverneinung gehört sicherlich zu den fragwürdigsten Seiten von Schopenhauers Pessimismus. Schon Frauenstädt nennt sie 1863 die »*Achillesferse* der Schopenhauerschen Philosophie«[56].

Die ästhetische Erkenntnis macht die Welt nur für Augenblicke vergessen – die »säligsten«, die wir kennen –, die ethische Erkenntnis kann durch die Verneinung des Willens, extrem gedacht, zur Erlösung für immer führen. Mit der Willensverneinung ist die ganze Welt der Erscheinung aufgehoben, ihre Mannigfaltigkeit, ihre Formen Raum und Zeit, auch ihre letzte Grundform: Subjekt und Objekt. Das leidvolle Höhlendasein mit seiner Projektionswelt öffnet sich. »Kein Wille: keine Vorstellung, keine Welt.« (W I, § 71, 486) An die Stelle der Welt als Wille und Vorstellung tritt das »relative Nichts« (W I, § 71, 484; vgl. VN IV, Kap. 9, 266 ff.), oder wie die Buddhisten es nennen: das »Nirwana« (W II, Kap. 41, 583; vgl. W I, § 71, 487).

Das »Nichts«, das letzte Wort des Hauptwerks (W I), scheint einen rational nicht identifizierbaren Sinn zu bewahren, den Schopenhauer bejahen kann, weil in dieser Bejahung Schuld und Leid radikal verneint werden. Es ist »jener Friede, der höher ist als alle Vernunft, jene gänzliche Meeresstille des Gemüths, jene tiefe Ruhe, unerschütterliche Zuversicht und Heiterkeit, deren bloßer Abglanz im Antlitz, wie ihn Raphael und Correggio dargestellt haben, ein ganzes und sicheres Evangelium ist« (W I, § 71, 486).

Reformulierung des Hauptwerks: Philosophische Vorlesungen (Nachlass)

Schopenhauer hält 1820 an der Berliner Universität eine große Vorlesung unter dem Titel *Vorlesung über Die gesammte Philosophie d. i. Die Lehre vom Wesen der Welt und von dem menschlichen Geiste. In vier Theilen.* Diese Vorlesung, deren Buchausgabe aus rund 1100 Druckseiten besteht, ist eine auf den doppelten Umfang erweiterte Neubearbeitung des gesamten ersten Bandes der *Welt als Wille und Vorstellung* von 1819. Sie zählt zum Kernbestand des Nachlasses und gehört zur unverzichtbaren Lektüre für ein vertieftes Schopenhauer-Studium.

Die vier Teile heißen: »Theorie des gesammten Vorstellens, Denkens und Erkennens«, »Metaphysik der Natur«, »Metaphysik des Schönen«, »Metaphysik der Sitten«. Hinzu kommen noch die kürzeren Texte: »Probevorlesung über die vier verschiedenen Arten von Ursachen«, die »Feierliche Lobrede auf die Philosophie« und die Entwürfe der »Dianoiologie«. – Die philosophischen Vorlesungen wurden 1913 zum ersten Mal von Franz Mockrauer in der Deussen-Ausgabe herausgegeben (Bände IX und X). Diese jahrzehntelang fast ignorierte Ausgabe bildete die Textgrundlage der vollständigen Neuherausgabe von Volker Spierling (1984 ff., 4 Bde.), der zusätzlich noch die »Feierliche Lobrede« in einer neuen Übersetzung beigefügt ist.

Die Vorlesungen enthalten Textteile, die sonst nicht bzw. nicht so ausführlich vorliegen, z.B. die schöne »Einleitung über das

Studium der Philosophie«, in der Schopenhauer seinen Studenten seinen Begriff von Philosophie darlegt und in der er zudem einen kleinen Abriss der Geschichte der Philosophie als eine »Geschichte der Irrthümer« folgen lässt. (Vgl. VN I, Einl., 95-125) Oder das große Logik-Kapitel. (Vgl. VN I, Kap. 3, 251-386) Oder der aufschlussreiche Abschnitt »Vom Verhältniß zwischen Subjekt und Objekt: demnach über Idealismus, Realismus, Materialismus«. (Vgl. VN I, Kap. 4, 498-517) Oder, um ein Letztes zu nennen, das kleine, über das »Nichts«, das Nirwana hinausführende Schlusskapitel, »Eine letzte Frage«. (Vgl. VN IV, Kap. 9, 271-273)

Da Schopenhauer bei seinen Hörern die Schrift über den *Satz vom Grund* nicht wie bei seinen Lesern der *Welt als Wille und Vorstellung* als bereits bekannt voraussetzen kann, muss er sie in seine große Vorlesung einarbeiten, die dadurch gegenüber dem Hauptwerk in Disposition und Ausführung eine umfassendere Systematik erhält. Dasselbe gilt für seine jetzt erweiterte und integrierte Darlegung des Kapitels »Vom Sehn« aus der *Farbenlehre*. Auch die Hauptschriften Kants kann Schopenhauer nicht als bekannt voraussetzen und muss in grundlegende Sachverhalte von Anfang an noch behutsamer einführen, sie vertiefen und präzisieren. Insgesamt gesehen sind die philosophischen Vorlesungen, die auch Aufschluss über die Entwicklungsgeschichte der Philosophie Schopenhauers geben, weit mehr und gewichtiger als bloß eine Art Einführung in das Hauptwerk. Die Vorlesungen stellen eine komplette zusätzliche Version des ersten Bandes der *Welt als Wille und Vorstellung* mit bedeutenden inhaltlichen Modifikationen dar.

Neuartig gegenüber dem Hauptwerk ist auch der Schluss der ganzen Vorlesung, der das letztlich absolut Unerkennbare der Welt herausstellt, das sich über sich selbst belehrende Nichtwissen. (Vgl. VN IV, Kap. 9, 272f.)

4. Ergänzende Schriften

Ueber den Willen in der Natur

Der Untertitel der Schrift *Ueber den Willen in der Natur* benennt die Intention: *Eine Erörterung der Bestätigungen, welche die Philosophie des Verfassers, seit ihrem Auftreten, durch die empirischen Wissenschaften erhalten hat.* Die kleine naturphilosophische Abhandlung von 1836 baut auf dem zweiten Buch der *Welt als Wille und Vorstellung* auf. Eine zweite, verbesserte und vermehrte Auflage erscheint 1854.

Schopenhauer betont mehrfach ihre besondere Wichtigkeit, da sie mit großer Deutlichkeit den »eigentlichen Kern« und »Brennpunkt« seiner Metaphysik auf den Punkt bringt. (Vgl. W II, Kap. 18, 213; P II, § 71, 109; B, 261) Insbesondere weist er nachdrücklich auf das Kapitel »Physische Astronomie« (N, 80-94) hin. Zentral sind auch die Kapitel »Vergleichende Anatomie« und »Pflanzen-Physiologie«. (Vgl. N, 34-58 bzw. 59-79)[57]

Wille als absolut Erstes. Schopenhauer vollzieht im *Willen in der Natur* einen zur idealistischen Grundansicht komplementären Standpunktwechsel, der schon im Hauptwerk enthalten ist, aber durch die späteren Ergänzungsschriften weiter ausgearbeitet und stärker gewichtet wird:

»Geht man z.B. vom *Subjektiven* aus, wie Berkeley, Locke und *Kant*, in welchem diese Betrachtungsweise ihren Gipfel erreichte, gethan haben;

so wird man, obwohl, wegen der wirklichen *Unmittelbarkeit* des Subjektiven, dieser Weg die größten Vorzüge hat, dennoch eine theils sehr einseitige, theils nicht ganz gerechtfertigte Philosophie erhalten, wenn man sie nicht dadurch ergänzt, daß man das in ihr Abgeleitete ein ander Mal wieder als das Gegebene zum Ausgangspunkte nimmt und also, vom entgegengesetzten Standpunkt, das Subjektive aus dem Objektiven ableitet, wie vorhin das Objektive aus dem Subjektiven. Diese Ergänzung der Kantischen Philosophie glaube ich, der Hauptsache nach, geliefert zu haben im 22. Kapitel [Objektive Ansicht des Intellekts] des zweiten Bandes meines Hauptwerkes und im ›Willen in der Natur‹ unter der Rubrik Pflanzenphysiologie, als wo ich, von der äußern Natur ausgehend, den Intellekt ableite.« (P II, § 27, 35 f.)

Es geht nicht mehr darum, dass ein Intellekt die Natur bedingt, sondern die Natur den Intellekt. Verschärft wird dieser Standpunktwechsel, weil nunmehr das Verhältnis von Erkenntnis und Materie, bzw. von Subjekt und Objekt, vom Blickwinkel der Resultate der Metaphysik aus bestimmt wird. Natur ist jetzt nicht länger nur die erkenntnistheoretisch problematisierte, sie ist ebenso die metaphysisch erkannte Natur. Die entscheidenden Punkte von Schopenhauers Naturphilosophie sind: 1. Das Wesen der Natur (Kants Ding an sich) ist das, was wir in uns als Willen finden. 2. Wille und Leib sind identisch; der Leib ist gegenständliche, sichtbare Erscheinung des Willens. 3. Erkenntnis ist lediglich eine Funktion eines Teils des Leibes, des Gehirns; dieser Teil bedingt die gesamte Welt als Vorstellung. Ohne Gehirnfunktionen gäbe es keine gegenständliche Natur, aber vielleicht etwas ganz anderes als das, was jetzt als Natur erscheint.

Schopenhauer nimmt nunmehr den Willen aufgrund des Standpunktwechsels als Ausgangspunkt und bezeichnet ihn als »absolut Erstes« (N, 50). Der Wille lässt sich in jeder Erscheinung der Natur, der organischen wie der anorganischen, nachweisen und kann für sich selbst auch ohne Erkenntnis bestehen.

Erst aus dem Blickwinkel des Willens in der Natur, der den Vorrang des Nicht-Rationalen gegenüber dem Rationalen metaphysisch festschreibt, zeigt sich die ganze Ohnmacht und Hinfälligkeit des menschlichen Intellekts. Wie Lavoisier das bis dahin angeblich einfache Urelement Wasser in Wasserstoff und Sauerstoff zersetzt und durch die Entdeckung dieser Zusammensetzung eine neue Periode der Chemie begründet hat, so beansprucht Schopenhauer, mit der »wahren Metaphysik begonnen« (HN IV 1, 83) zu haben, weil er nachweist, dass das in der traditionellen Metaphysik für einfach und unzerstörbar gehaltene Ich (Seele) in Wirklichkeit zusammengesetzt ist. Das Ich besteht aus den beiden heterogenen Bestandteilen Wille und Erkenntnis. Schopenhauer sagt auch »Wille und erkennendes Subjekt« oder »Wille und Vorstellung«[58]. Der eine Bestandteil, die Erkenntnis, ist physisch und gehört zur bloßen Erscheinung. Denn der Intellekt ist eine Funktion des Gehirns, wie das Verdauen eine Funktion des Magens ist. Aufgrund dieser gleichsam chemischen Zersetzung ist es unstatthaft, das Wort »Ich« als Substantiv zu gebrauchen und es als mythologisches Wesen namens Seele zu hypostasieren. (Vgl. P II, § 28, 40)[59]

Schopenhauer gibt im *Willen in der Natur* die vielleicht beste Zusammenfassung der revolutionären »Grundwahrheit« seines Systems, das von allen früheren Systemen anderer Philosophen »grundverschieden« ist:

»Der Grundzug meiner Lehre, welcher sie zu allen je dagewesenen in Gegensatz stellt, ist die gänzliche Sonderung des Willens von der Erkenntniß, welche beide alle mir vorhergegangenen Philosophen als unzertrennlich, ja, den Willen als durch die Erkenntniß, die der Grundstoff unsers geistigen Wesens sei, bedingt und sogar meistens als eine bloße Funktion derselben angesehn haben. Jene Trennung aber, jene Zersetzung des so lange untheilbar gewesenen Ichs oder Seele, in zwei heterogene Bestandtheile, ist für die Philosophie Das, was die Zersetzung des

Wassers für die Chemie gewesen ist; wenn dies auch erst spät erkannt werden wird. Bei mir ist das Ewige und Unzerstörbare im Menschen, welches daher auch das Lebensprincip in ihm ausmacht, nicht die Seele, sondern, mir einen chemischen Ausdruck zu gestatten, das Radikal der Seele, und dieses ist *der Wille*. Die sogenannte Seele ist schon zusammengesetzt: sie ist die Verbindung des Willens mit dem *nous*, Intellekt. Dieser Intellekt ist das Sekundäre, ist das *posterius* des Organismus und, als eine bloße Gehirnfunktion, durch diesen bedingt. Der Wille hingegen ist primär, ist das *prius* des Organismus und dieser durch ihn bedingt. Denn der Wille ist dasjenige Wesen an sich, welches erst in der Vorstellung (jener bloßen Gehirnfunktion) sich als ein solcher organischer Leib darstellt: nur vermöge der Formen der Erkenntniß (oder Gehirnfunktion), also nur in der Vorstellung, ist der Leib eines Jeden ihm als ein Ausgedehntes, Gegliedertes, Organisches gegeben, nicht außerdem, nicht unmittelbar im Selbstbewußtseyn. Wie die Aktionen des Leibes nur die in der Vorstellung sich abbildenden einzelnen Akte des Willens sind, so ist auch ihr Substrat, die Gestalt dieses Leibes, sein Bild im Ganzen: daher ist in allen organischen Funktionen des Leibes, eben so gut wie in seinen äußern Aktionen, der Wille das *agens*. Die wahre Physiologie, auf ihrer Höhe, weist das Geistige im Menschen (die Erkenntniß) als Produkt seines Physischen nach; und das hat, wie kein Anderer, *Cabanis* geleistet: aber die wahre Metaphysik belehrt uns, daß dieses Physische selbst bloßes Produkt, oder vielmehr Erscheinung, eines Geistigen (des Willens) sei, ja, daß die Materie selbst durch die Vorstellung bedingt sei, in welcher allein sie existirt. Das Anschauen und Denken wird immer mehr aus dem Organismus erklärt werden, nie aber das Wollen, sondern umgekehrt, aus diesem der Organismus; wie ich unter der folgenden Rubrik [Vergleichende Anatomie] nachweise. Ich setze also erstlich *den Willen, als Ding an sich*, völlig Ursprüngliches; zweitens seine bloße Sichtbarkeit, Objektivation, den Leib; und drittens die Erkenntniß, als bloße Funktion eines Theils dieses Leibes. Dieser Theil selbst ist das objektivirte (Vorstellung gewordene) Erkennenwollen, indem der Wille, zu seinen Zwecken, der Erkenntniß bedarf. Diese Funktion nun aber bedingt wieder die ganze Welt als Vorstellung, mithin auch den Leib selbst, sofern er anschauliches Objekt ist, ja, die Materie überhaupt, als welche nur in der Vorstellung vorhanden ist. Denn eine objektive Welt, ohne ein Subjekt, in dessen Bewußtseyn sie dasteht, ist, wohlerwogen, etwas schlechthin

Undenkbares. Die Erkenntniß und die Materie (Subjekt und Objekt) sind also nur relativ für einander da und machen die *Erscheinung* aus. Mithin steht, durch meine Fundamentalveränderung, die Sache so, wie sie noch nie gestanden hat.« (N, 19 ff.)

Schopenhauer legt in den einzelnen Kapiteln die Bestätigungen dar, die seiner Auffassung nach seine Metaphysik von den empirischen Naturwissenschaften sowie der Linguistik, dem animalischen Magnetismus und den fernöstlichen Religionen erfahren hat. Er sieht in diesen Bestätigungen auch den Beginn einer Versöhnung zwischen Physik und Metaphysik.

Die beiden Grundprobleme der Ethik

Schopenhauer verfasst im Rahmen von Preisausschreiben zwei Schriften, die er 1841 zusammen unter dem Titel *Die beiden Grundprobleme der Ethik* veröffentlicht. Zum Untertitel – *Behandelt in zwei akademischen Preisschriften* – setzt er erläuternd hinzu: »I. Ueber die Freiheit des menschlichen Willens, *gekrönt* von der Königl. Norwegischen Societät der Wissenschaften, zu Drontheim, am 26. Januar 1839. II. Ueber das Fundament der Moral, *nicht* gekrönt von der K. Dänischen Societät der Wissenschaften, zu Kopenhagen, den 30. Januar 1840.« Die beiden moralphilosophischen Abhandlungen, spezielle Ausführungen des 4. Buchs der *Welt als Wille und Vorstellung*, sind Kritiken der Willensfreiheit (I) und des Sittengesetzes (II). Die zweite Auflage erscheint 1860.

Einen wichtigen Passus der I. Preisschrift stellt das letzte Kapitel dar: »Schluß und höhere Ansicht«. Zur Vertiefung der Schrift kann eine sehr zentrale Textstelle im Anhang des ersten Bandes der *Welt als Wille und Vorstellung*, die »Kritik der Kantischen Philosophie«, dienen, in der Schopenhauer auf Kants Auflösung der dritten Antinomie (Zusammenbestehn von Freiheit und Notwendigkeit) eingeht. (Vgl. W I, Anhang, 595-602) In Ergänzung dazu ist § 10 der II. Preisschrift zu empfehlen. Von dieser Preisschrift können die §§ 13-16 und § 22 hervorgehoben werden.

Freiheit des menschlichen Willens (I). In empirischer Hinsicht hat der Mensch keinen freien Willen, in metaphysischer dagegen ist sein Wille – als Ding an sich – frei. Das Wollen und Handeln ist in all seinen Erscheinungen durchgängig determiniert, d.h., dem Satz vom Grund des Handelns, also dem Gesetz der Motivation (vgl. G, §§ 40-44, 140-146) unterworfen. Das empirische Gefühl der Freiheit, eine »ganz monstrose Fiktion« (P I, 131), ein »Wahn« (W I, Anhang, 598), beruht auf der Meinung »Ich kann tun, was ich will.« (E, Kap. II, 16) Die Freiheit des Willens hängt aber von der Frage ab: »Kannst du auch wollen, was du willst!« (E, Kap. I, 6)

Nach Auffassung der traditionellen Metaphysik gilt die Seele als ein ursprünglich erkennendes Wesen und das Wollen als eine Funktion des Erkennens. Der Mensch will, was er erkennt. Hier ist die Erkenntnis das Primäre, der Wille das Sekundäre. Wie in der Fabel des Prodikos gelangt der Mensch an den Scheideweg zwischen Tugend und Laster und entscheidet sich, wie es ihm beliebt. »Danach nun wäre jeder Mensch Das, was er ist, erst in Folge seiner *Erkenntniß* geworden: er käme als moralische Null auf die Welt, erkennte die Dinge in dieser, und beschlösse darauf, Der oder Der zu seyn, so oder so zu handeln, könnte auch, in Folge neuer Erkenntniß, eine neue Handlungsweise ergreifen, also wieder ein Anderer werden.« (W I, § 55, 345)

Schopenhauer stürzt dieses alte logoszentrierte Menschenbild durch seine Metaphysik der Vorherrschaft des blinden, des wesentlich unbewussten Willens um. Wie einer aufgrund seiner

Willensbeschaffenheit ist, aufgrund seines individuellen Charakters, so muss er handeln. Der Wille ist der eigentliche Mensch, der Intellekt ist bloß sein Organ. Was man tut, folgt aus dem, was man ist. Der Charakter ist ein für alle Mal festgelegt. »Der Mensch ändert sich nie.« (E, Kap. III, 50) Wesen und Dasein des Menschen fallen so aus, wie sein Wille als Ding an sich – jedoch vor aller Erkenntnis und daher blind – es schon immer gewollt hat. »Der Mensch [...] ist sein eigenes Werk vor aller Erkenntniß, und diese kommt bloß hinzu, es zu beleuchten.« (W I, § 55, 345) »Er hätte ein anderer *seyn* können: und in dem, was er *ist*, liegt Schuld und Verdienst.« (E, § 10, 177) »Weder unser *Thun*, noch unser *Lebenslauf* ist unser Werk; wohl aber Das, was Keiner dafür hält: *unser Wesen und Daseyn*.« (HN IV 2, 3) Jedem Menschen liegt auf nicht erinnerliche Weise ein ursprünglicher, außerzeitlicher, unteilbarer »Objektivationsakt des Willens« (W I, § 28, 188) zugrunde. Diesen metaphysischen Willensakt nennt Schopenhauer »gewissermaaßen« die »Idee« (W I, § 26, 156) des einzelnen Menschen, seinen »individuellen Willen« oder mit Kants Terminus seinen »intelligiblen Charakter« (W I, § 55, 344). – Entscheidend ist: Der Charakter geht in seiner unveränderlichen Beschaffenheit allen Handlungen moralisch ausschlaggebend voraus.

Schopenhauer rechnet Kants Unterscheidung von intelligiblem und empirischem Charakter »zum Schönsten und Tiefgedachten«, zum »Vortrefflichsten«, was ein Mensch jemals hervorgebracht hat, und weist darauf hin, dass hier »die Wurzel meiner Philosophie« (P I, 142) liegt. Durch diese Unterscheidung wird es für Kant wie für Schopenhauer möglich, die Handlung eines Menschen einerseits als frei und andererseits zugleich als determiniert aufzufassen. Beiden Philosophen geht es hierbei im Wesentlichen um die Rettung der menschlichen Freiheit angesichts ihrer Überzeugung von der durchgängigen Notwendigkeit aller Naturerscheinungen, zu denen auch der Mensch gehört. Kants Lösung, die Schopenhauer übernommen hat, besagt: Im Bereich des Dings an sich (intelligibler Charakter) herrscht Freiheit, in der Erscheinungswelt (empirischer Charakter) Notwendigkeit.

Durch den intelligiblen Charakter, durch die »metaphysische freie That« (P II, § 116, 242), ist der moralische Gehalt des gesamten Lebenswandels festgelegt. Der empirische Charakter ist bloß die in Erscheinung tretende zeitliche Entfaltung des außerzeitlichen intelligiblen Charakters. Das, was der Mensch wirklich ist, was er schon immer ist, erfährt er erst sukzessive im Lauf seines Lebens. Er handelt zwar immer nur so, wie er will, aber er tut dies mit Notwendigkeit, weil er in seinem »ganzen Seyn und Wesen *(existentia et essentia)*« – durch seinen intelligiblen Charakter – schon *»ist«* (E, Kap. V, 97), was er will. Über dieses »ist«, über diesen ursprünglich freien metaphysischen Willensakt, oder anders gesagt, über »jenes alle unsere Handlungen begleitende ›Ich will‹« (E, Kap. II, 25) hat das Handeln keine Verfügung. »Schon bei der Geburt des Menschen [ist] sein ganzer Lebenslauf, bis ins Einzelne, unwiderruflich bestimmt.« (HN IV 2, 3) Was der Mensch »eigentlich und überhaupt will«, kann durch äußere Einwirkung auf ihn, zum Beispiel durch Belehrung, nicht geändert werden. *»Velle non discitur«* (W I, § 55, 347), Wollen lässt sich nicht lernen, sagt Schopenhauer mit Seneca.

Zu dieser mächtigen Disposition des Charakters steht der Intellekt in einem dienenden, funktionalen – nicht autonomen – Verhältnis. Er liefert dem Willen Vorstellungen, die als Motive wirken und die einzelnen Handlungen auslösen. Motive sind Ursachen (»Gelegenheitsursachen«), die durch das »Medium der Erkenntniß« (W I, § 55, 347) wirken. Statt »Motiv« verwendet Schopenhauer auch gern das alte ausdrucksstarke Wort »Beweggrund«. Das stärkste Motiv setzt sich jeweils durch, sodass in jedem gegebenen einzelnen Fall nur eine Handlung möglich ist.[60] – Zwei Faktoren sind es also, die im Zusammenspiel die Notwendigkeit des Handelns festlegen: Charakter und Motiv.

Schopenhauer spricht auch vom »erworbenen Charakter« (W I, § 55, 357 ff.). Er besteht im deutlichen Wissen von den unabänderlichen Eigenschaften des eigenen empirischen Charakters, von den Stärken und Schwächen der Individualität. Ohne diese aposteriorische Selbsterkenntnis wird der Mensch »im Zickzack« laufen, hin und her »irrlichterliren«, schwanken, abweichen, umkehren, sich Reue und Schmerz bereiten. Kenntnis und Anerkenntnis des unabwendbaren eigenen Willens dagegen ermöglichen es dem Menschen – auf der Ebene der Bejahung des Willens zum Leben –, mit Haltung, Geradlinigkeit und Besonnenheit »ganz er selbst zu seyn« (W I, § 55, 360).

Die Freiheit des Willens ist durch dieses Konzept nicht beseitigt, sondern in eine höhere, der Erkenntnis nicht so leicht zugängliche Region gerückt. In einem Brief an Johann August Becker vom 23. August 1844 gibt Schopenhauer zu bedenken, dass die Freiheit ein Gedanke ist, den wir wohl andeuten und dem wir eine Stelle anweisen, den wir aber nicht deutlich denken können. (Vgl. B, 215) Die Freiheit ist letztlich etwas Unaussprechliches, etwas Undenkbares, etwas, was sich jeder Vergegenständlichung entzieht. Schopenhauer schränkt seine Aussagen immer wieder erkenntniskritisch ein. Am 21. September 1844 schreibt er in einem weiteren wichtigen Brief an Becker: »Daß der intelligible Charakter eines Menschen ein außerzeitlicher Willensakt sei, habe ich nicht als objektive Wahrheit, oder als adäquaten Begriff des Verhältnisses zwischen Ding an sich und Erscheinung dargestellt; vielmehr bloß als Bild und Gleichniß, als figürlichen Ausdruck der Sache, indem ich sagte, man könne, um sich die Sache faßlich zu machen, sie so denken.« (B, 217)[61]

Fundament der Moral (II). Schopenhauer kritisiert in scharfer Form Kants präskriptive Ethik als bloße Verkleidung einer theologischen Moral. Der kategorische Imperativ, die ganze Pflichtenlehre, ist eine apriorische Seifenblase. »*Befohlen* muß es seyn! Welche Sklavenmoral!« Es ist gleichgültig, ob man seinen Fetisch »kategorischen Imperativ« betitelt oder »Fitzliputzli« (E, § 6, 134). Demgegenüber wendet Schopenhauer vor dem Hintergrund seiner Willensmetaphysik, die auch die Ohnmacht der Vernunft und die Determiniertheit des Handelns herausstellt, ein: »Die Moral hat es mit dem *wirklichen* Handeln des Menschen und nicht mit apriorischem Kartenhäuserbau zu thun, an dessen Ergebnisse sich im Ernste und Drange des Lebens kein Mensch kehren würde, deren Wirkung daher, dem Sturm der Leidenschaften gegenüber, so viel seyn würde, wie die einer Klystierspritze bei einer Feuersbrunst.« (E, § 6, 143)

Schopenhauers Ethik beschränkt sich darauf zu erklären, was ist, und verzichtet darauf, vergeblich und anmaßend zu fordern, was sein soll. Man kann sie eine Seinsethik nennen, um sie deutlich von einer Sollensethik abzuheben. Den Vorwurf, seine eigene Ethik, schon sein Begriff »Handlungen von moralischem Werth«, sei selbst normativ, lässt er nicht gelten. (Vgl. BW I, 587-598) Das Problem der Ethik besteht nicht darin, einen ethischen Grundsatz zu formulieren. Dieser liegt, so Schopenhauer, letztlich in allen Moralsystemen, wenn auch verschieden formuliert, so doch der Sache nach übereinstimmend vor: »Verletze niemanden; vielmehr hilf allen, soviel du kannst« (E, § 6, 137). Das Problem der Ethik ist es vielmehr, tatsächliche moralische Triebfedern zu ermitteln, die stärker sind als die »antimoralische Potenz« des Egoismus.

Das Mitleid, die unmittelbare Teilnahme am Leiden eines anderen, bildet das Fundament der Moral. Das täglich vorkommende Mitleiden ist das »ethische Urphänomen« (E, § 16, 209).

Von dieser Basis der Moral leitet Schopenhauer die »Kardinaltugenden« Gerechtigkeit (vgl. E, § 17, 212 ff.) und Menschenliebe (vgl. E, § 18, 226 ff.) ab. Ob die antimoralischen Triebfedern (Egoismus, Übelwollen) oder die moralischen (Gerechtigkeit, Menschenliebe) vorherrschen, hängt vom jeweiligen (unveränderlichen) Charakter ab, der auf Motive – hier Anschauungen, Vorstellungen von Leid – unterschiedlich empfindsam reagiert. Während der schlechte Charakter überall eine Mauer zwischen Ich und Du empfindet, die Welt ihm ein »absolutes Nicht-Ich« ist, lebt der gute Charakter in einer seinem Wesen verwandten Welt, in der die anderen ihm ein »Ich noch ein Mal« sind. (Vgl. E, § 22, 272) Für Ersteren ist die Individuation real, stellt das »principium individuationis« die Ordnung der Dinge an sich dar; für Letzteren ist die Individuation bloße Erscheinung, d.h. nur in seiner Vorstellung vorhanden.

Worauf Schopenhauer hinauswill, ist, dass kein kategorischer Imperativ jetzt und hier Mitleid erwecken kann. Dies vermag nur der betroffen machende direkte oder imaginierte Anblick von Leid, was Schopenhauer durch Beispiele von Grausamkeit eindringlich vor Augen zu führen sucht:

»Nichts empört so im tiefsten Grunde unser moralisches Gefühl, wie Grausamkeit. Jedes andere Verbrechen können wir verzeihen, nur Grausamkeit nicht. Der Grund hievon ist, daß Grausamkeit das gerade Gegentheil des Mitleids ist. Wenn wir von einer sehr grausamen That Kunde erhalten, wie z.B. die ist, welche eben jetzt die Zeitungen berichten, von einer Mutter, die ihren fünfjährigen Knaben dadurch gemordet hat, daß sie ihm siedendes Oel in den Schlund goß, und ihr jüngeres Kind dadurch, daß sie es lebendig begrub; – oder die, welche eben aus Algier gemeldet wird, daß nach einem zufälligen Streit und Kampf zwischen einem Spanier und Algierer, dieser, als der stärkere, jenem die ganze untere Kinnlade rein ausriß und als Trophäe davon trug, jenen lebend zurücklassend; – dann werden wir von Entsetzen ergriffen und rufen aus: ›Wie ist es möglich, so etwas zu thun?‹ – Was ist der Sinn dieser Frage? Ist er vielleicht: Wie ist es möglich, die Strafen des künftigen Lebens so wenig zu fürchten? – Schwerlich. – Oder: Wie ist es möglich, nach einer Maxime zu handeln, die so gar nicht geeignet ist, ein allgemeines Gesetz für alle vernünftigen Wesen zu werden? – Gewiß nicht. – Oder: Wie ist es möglich, seine eigene und die fremde Vollkommenheit so sehr zu vernachlässigen? – Eben so wenig. – Der Sinn jener Frage ist ganz gewiß bloß dieser: Wie ist es möglich, so ganz ohne Mitleid zu seyn? – Also ist es der größte Mangel an Mitleid, der einer That den Stämpel der tiefsten moralischen Verworfenheit und Abscheulichkeit aufdrückt. Folglich ist Mitleid die eigentliche moralische Triebfeder.« (E, § 19, 232f.)

Parerga und Paralipomena

Das zweibändige Werk *Parerga und Paralipomena* mit dem Untertitel *Kleine philosophische Schriften* erscheint 1851. Der erste Band umfasst die »Parerga« (Nebenarbeiten), der zweite die »Paralipomena« (Nachträge). Schopenhauer nennt die populär verfassten Bände »meinen Philosophen für die Welt« (B, 245). Die Beiträge sind wie in einer »Rumpelkammer« (F, Vorr., VI) zusammengetragen, aufgehäuft. Insbesondere die Kapitel I-XIV der »Paralipomena« sind Ergänzungen zum Hauptwerk.

Der erste Band enthält die *Skitze einer Geschichte der Lehre vom Idealen und Realen*: Wille und Vorstellung sind von Grund aus verschieden. Die Vorstellung gehört dem Idealen an, der Wille dem Realen.

Die *Fragmente zur Geschichte der Philosophie* geben einen kleinen Abriss von der vorsokratischen Philosophie bis zur Philosophie der Neuzeit. Aufschlussreich sind die ausführlichen Erläuterungen zur Philosophie Kants (§ 13), die u.a. grundlegende Termini klären, noch einmal die Vorstellungswelt sowohl im Hinblick auf den Stoff (Sinnesempfindung) als auch auf die Form

(Gehirnfunktionen) als subjektive Projektion herausstellen und religionskritisch nach dem wahren Ursprung des Theismus fragen: »Das Wesentliche jedoch ist der Drang des geängsteten Menschen [...]. Laßt ihn ohne Noth, Wünsche und Bedürfnisse seyn, etwan ein bloß intellektuelles, willenloses Wesen; so braucht er keinen Gott und macht auch keinen.« (P I, § 14, 125 f.) Es folgen Bemerkungen über Schopenhauers eigene Philosophie (§ 14), die er »immanenten Dogmatismus« nennt, weil sie nicht über die in der Erfahrung gegebene Welt hinausgeht. »Meine Sätze hingegen beruhen meistens nicht auf Schlußketten, sondern unmittelbar auf der anschaulichen Welt selbst« (P I, § 14, 139), d.h., sie stehen unter »beständiger Kontrole der Erfahrung«. »Meine Philosophie [ist] auf dem analytischen, nicht auf dem synthetischen Wege entstanden.« (P I, § 14, 140)

Ueber die Universitäts-Philosophie ist eine Streitschrift gegen eine von Staat und Kirche ideologisch vereinnahmte Philosophie – gegen eine Philosophie »wie der Kettenhund« – und ein Plädoyer für die Abschaffung der Professoren-Philosophie, weil »es für die Philosophie heilsamer wäre, wenn sie aufhörte, ein Gewerbe zu seyn« (P I, 167). Die Erhabenheit ihres Strebens verträgt sich damit ebenso wenig wie mit der Existenz von »Kathederpuppen« oder »Ministerkreaturen«, die nicht einmal einen Schopenhauer beachten, wie er selbst mehrfach moniert. »O, meine Abhandlung über die Universitätsphilosophie gleicht jetzt dem wiehernden Streitroß im Stall: es will hinaus! – Die Philosophieprofessoren werden ihre Freude erleben: ihnen wird seyn, als ob es Ohrfeigen regnete.« (B, 250)

Die *Transscendente Spekulation über die anscheinende Absichtlichkeit im Schicksale des Einzelnen*, vielleicht eine »bloße metaphysische Phantasie« (P I, 213), thematisiert die sich bisweilen aufdrängende mutmaßliche »Planmäßigkeit im Lebenslauf eines Jeden«. Wie jeder der heimliche Theaterdirektor seiner Träume ist, so könnte analog dazu das unseren wirklichen Lebenslauf beherrschende Schicksal gedacht werden, das zuletzt von jenem Willen ausgeht, »der unser eigener ist, welcher jedoch hier, wo er als Schicksal aufträte, von einer Region aus wirkte, die weit über unser vorstellendes, individuelles Bewußtseyn hinausliegt« (P I, 232).

Der *Versuch über das Geistersehn* behandelt okkulte und magische Themen. Kann die Welt als Vorstellung auf zweierlei Weise entspringen? Das Phänomen der Geistererscheinung wird in Zusammenhang mit erkenntnistheoretischen Reflexionen erörtert. Wie das wache Gehirn das Denkorgan ist, so das schlafende das »Traumorgan« (P I, 254). Der Text ist eine Wanderung durch das Labyrinth der (unbewussten) Traumwelt.

Wirkungsgeschichtlich von herausragender Bedeutung sind die *Aphorismen zur Lebenswahrheit*, durch die Schopenhauer noch zu Lebzeiten auch als glänzender Schriftsteller bekannt wird. Sie sind kein reines Werk der Spätzeit, sondern haben unterschiedliche Entstehungszeiten.[62] Die »eudämonologischen Betrachtungen« (P I, Kap. VI, 508; vgl. P I, Einl., 333), wie sie auch genannt werden, machen den bei weitem umfangreichsten Text des ersten Bandes der *Parerga und Paralipomena* aus. Von der ausdrücklich eingestandenen Perspektive der Bejahung des Willens zum Leben aus geben sie Ratschläge, wie in einer unheilvollen Welt Unglück vermieden werden kann.

Ein Hauptanliegen Schopenhauers ist die Sorge um die bedrohte Persönlichkeit: Wie kann der Mensch noch ganz er selbst sein, ein »ganzer Mensch« (P I, Kap. II, 361; Kap. V, 451) und kein bloß von der Gesellschaft abhängiges Bruchstück? Der Grundtenor der *Aphorismen* ist pessimistisch und defensiv. Im vollkommenen Einklang kann insbesondere der herausragende geistvolle Mensch nur mit sich selbst stehen, nicht mit dem Freund, nicht mit der Geliebten, nicht mit den Mitmenschen und der Gesellschaft, die ihn nötigen, sich anzupassen und »einzuschrumpfen«. Der wahre »Friede des Herzens«, ein »Gefühl von Allgenugsamkeit«, ein »aristokratisches Gefühl« ist daher für die, die in der »Rangliste der Natur« weit oben stehen, nur in der Einsamkeit und Selbstgenügsamkeit zu finden. (Vgl. P I, Kap. V, 446 ff.)

»Was nun andererseits die Menschen gesellig macht ist ihre Unfähigkeit, die Einsamkeit, und in dieser sich selbst, zu ertragen. Innere Leere und Ueberdruß sind es, von denen sie sowohl in die Gesellschaft, wie in die Fremde und auf Reisen getrieben werden. Ihrem Geiste mangelt es an Federkraft, sich eigene Bewegung zu ertheilen: daher suchen sie Erhöhung derselben durch Wein und werden Viele auf diesem Wege zu Trunkenbolden. Eben daher bedürfen sie der steten Erregung von außen und zwar der stärkesten, d.i. der durch Wesen ihres Gleichen. Ohne diese sinkt ihr Geist, unter seiner eigenen Schwere, zusammen und verfällt in eine drückende Lethargie. Imgleichen ließe sich sagen, daß Jeder von ihnen nur ein kleiner Bruch der Idee der Menschheit sei, daher er vieler Ergänzung durch Andere bedarf, damit einigermaaßen ein volles menschliches Bewußtseyn herauskomme: hingegen wer ein ganzer Mensch ist, ein Mensch *par excellence*, der stellt eine Einheit und keinen Bruch dar, hat daher an sich selbst genug.« (P I, Kap. V, 450 f.)

Diesen Grundgedanken, wie die relative Autonomie einzelner, von Natur aus »großer Geister« realisiert oder geschützt werden kann, greifen die einzelnen Kapitel vielfach und ausführlich auf. Das erste Kapitel (»Grundeintheilung«) gibt einen kurzen Überblick und stellt klar: »Aus seiner Individualität kann Keiner heraus.« (P I, 337) Dem zweiten Kapitel (»Von Dem, was Einer ist«) zufolge hängt alles von der Persönlichkeit im weitesten Sinn ab. Beim normalen, alltäglichen Menschen fällt sein Schwerpunkt »außer ihm«, mit anderen Worten, er ist ganz außengeleitet, beim Genie dagegen »ganz in ihn«. »Je mehr Einer an sich selbst hat, desto weniger können Andere ihm seyn.« (P I, 449) »Die eigentlich großen Geister horsten, wie die Adler, in der Höhe, allein.« (P I, 475) Nach dem dritten Kapitel (»Von Dem, was Einer hat«) besteht die Lebensweisheit darin, Eigentum mit Maß anzustreben. »Der Reichthum gleicht dem Seewasser: je mehr man davon trinkt, desto durstiger wird man.« (P I, 368) Im vierten Kapitel (»Von Dem, was Einer vorstellt«) heißt es dann: »So unausbleiblich wie die Katze spinnt [schnurrt], wenn man sie streichelt, malt süße Wonne sich auf das Gesicht des Menschen, den man lobt.« (P I, 375) Es gilt, kein Sklave fremder Meinung zu sein, insbesondere da nicht, wo es um Ehre, Rang und Ruhm geht. Das fünfte Kapitel (»Paränesen und Maximen«), das 53 Ansichten und Ratschläge aller Art enthält, nennt als »oberste Regel aller Lebensweisheit« den im Anschluss an Aristoteles formulierten Satz: »Nicht dem Vergnügen, der Schmerzlosigkeit geht der Vernünftige nach.« (P I, 431) Die Reduzierung der Ansprüche gewährt am meisten Unabhängigkeit. Wichtig sind die Abschnitte 1 und 9 dieses Kapitels (P I, 431 ff. und 446 ff.). Im sechsten Kapitel (»Vom Unterschiede der Lebensalter«) werden die eudämonologischen Betrachtungen abschließend noch einmal vom Blickwinkel der Zeit aus bedacht, vom Gesichtspunkt der Veränderungen, die die einzelnen Lebensabschnitte herbeiführen.

Der zweite Band ist eine Sammlung von 31 Kapiteln mit 396 fortlaufenden Paragraphen über »vereinzelte, jedoch systematisch geordnete Gedanken über vielerlei Gegenstände«. Den Abschluss bildet ein kleiner Anhang mit »Einigen Versen«. Die Paragraphen sind kleinere oder größere Aphorismen, darunter auch einige kürzere Essays sowie einige wenige Dialoge. Die bunte Fülle in sich abgerundeter philosophischer und literarischer Miniaturen bereichert die Erkenntnistheorie, Naturphilosophie, Ästhetik, Ethik, Religionsphilosophie, Politik, Psychologie, Philologie und

Pädagogik. Neben vielen erhellenden Ergänzungen schon bekannter zentraler Themen des Hauptwerks kommen noch Betrachtungen z.B. über Sanskritliteratur, Archäologie, Mythologie, Selbstdenken, Schriftstellerei und Stil, Lesen und Bücher.

Zur Vertiefung des Schopenhauer-Verständnisses eignen sich gut die Kapitel 1, 3 und 4 über Philosophie und Methode, Intellekt, Ding an sich und Erscheinung. Wichtig und hilfreich ist z.B. der § 27, in dem Schopenhauer das methodische Vorgehen seiner gesamten Philosophie auf den Punkt bringt: Er betont die Notwendigkeit, »den Standort zu wechseln«, also von mehreren Blickwinkeln aus zu philosophieren, um die jeweils »begangene Willkürlichkeit wieder auszugleichen«. Dieser Paragraph ist für die Diskussion bedeutsam, was es mit den Widersprüchen in Schopenhauers Philosophie auf sich hat.[63]

Drei Beispiele sollen die Brillanz des zweiten Bandes illustrieren: § 50 konfrontiert in einer kunstphilosophischen Fragestellung den Intellekt der gewöhnlichen Leute mit dem genialen Intellekt, der durch Kontemplation die Dinge unabhängig von den jeweiligen Zwecken des begehrenden Willens zu sehen befähigt ist. »Man kann Beide vergleichen mit zwei Schachspielern, denen man, in einem fremden Hause, ächt chinesische, überaus schön und künstlich gearbeitete Schachfiguren vorgesetzt hätte. Der Eine verliert, weil die Betrachtung der Figuren ihn stets abzieht und zerstreut; der Andere, ohne Interesse für so etwas, sieht in ihnen bloße Schachfiguren und gewinnt.« (P II, 73) § 109 nennt eine moralische Regel für den täglichen Umgang mit Menschen, die die auf Kant zurückgehende Leerformel von der »Würde des Menschen« ersetzen möchte:

»Bei jedem Menschen, mit dem man in Berührung kommt, unternehme man nicht eine objektive Abschätzung desselben nach Werth und Würde, ziehe also nicht die Schlechtigkeit seines Willens, noch die Beschränktheit seines Verstandes und die Verkehrtheit seiner Begriffe in Betrachtung; da Ersteres leicht Haß, Letzteres Verachtung gegen ihn erwecken könnte: sondern man fasse allein seine Leiden, seine Noth, seine Angst, seine Schmerzen ins Auge: – da wird man sich stets mit ihm verwandt fühlen, mit ihm sympathisiren und, statt Haß oder Verachtung, jenes Mitleid mit ihm empfinden, welches allein die *agápē* [griech.: Liebe] ist, zu der das Evangelium aufruft. Um keinen Haß, keine Verachtung gegen ihn aufkommen zu lassen, ist wahrlich nicht die Aufsuchung seiner angeblichen ›Würde‹, sondern, umgekehrt, der Standpunkt des Mitleids der allein geeignete.« (P II, 215 f.)

Der letzte Paragraph 396 setzt mit der berühmten Fabel von den Stachelschweinen einen wohl komponierten Schlussakzent:

»Eine Gesellschaft Stachelschweine drängte sich, an einem kalten Wintertage, recht nahe zusammen, um, durch die gegenseitige Wärme, sich vor dem Erfrieren zu schützen. Jedoch bald empfanden sie die gegenseitigen Stacheln; welches sie dann wieder von einander entfernte. Wann nun das Bedürfniß der Erwärmung sie wieder näher zusammen brachte, wiederholte sich jenes zweite Uebel; so daß sie zwischen beiden Leiden hin und hergeworfen wurden, bis sie eine mäßige Entfernung von einander herausgefunden hatten, in der sie es am besten aushalten konnten. – So treibt das Bedürfniß der Gesellschaft, aus der Leere und Monotonie des eigenen Innern entsprungen, die Menschen zu einander; aber ihre vielen widerwärtigen Eigenschaften und unerträglichen Fehler stoßen sie wieder von einander ab. Die mittlere Entfernung, die sie endlich herausfinden, und bei welcher ein Beisammenseyn bestehn kann, ist die Höflichkeit und feine Sitte. Dem, der sich nicht in dieser Entfernung hält, ruft man in England zu: *keep your distance!* – Vermöge derselben wird zwar das Bedürfniß gegenseitiger Erwärmung nur unvollkommen befriedigt, dafür aber der Stich der Stacheln nicht empfunden. – Wer jedoch viel eigene, innere Wärme hat bleibt lieber aus der Gesellschaft weg, um keine Beschwerde zu geben, noch zu empfangen.« (P II, 690 f.)

5. Nachlass

Der in der Regel sehr gut lesbare, rund 5000 Druckseiten umfassende Nachlass ist eine wahre Fundgrube brillanter Gedanken. Er bietet vielfältiges anregendes Material für zukünftige Arbeiten über Schopenhauer oder verwandte Themen. Schon bei flüchtiger Durchsicht lassen sich interessante Entdeckungen machen. Im Wesentlichen besteht der Nachlass aus den folgenden fünf Textgruppen: Reisetagebüchern, kritischen Auseinandersetzungen und Randschriften zu Büchern, philosophischen Vorlesungen, Manuskripten und Briefen.

Reisetagebücher

Der zwölf- bzw. fünfzehnjährige Schopenhauer führt auf zwei Reisen mit den Eltern durch Europa in den Jahren 1800 bzw. 1803/1804 Tagebuch. Die beiden Titel lauten: *Journal einer Reise von Hamburg nach Carlsbad, und von dort nach Prag; Rückreise nach Hamburg. Anno 1800* und *Reisetagebücher aus den Jahren 1803-1804.* Die erste uns erhaltene schriftliche Äußerung von Schopenhauer ist eine Reisenotiz aus dem Jahr 1800. Das damals zwölfjährige Kind schreibt in sein *Journal einer Reise*:

»Wir reisten den 16. Juli gegen 12 Uhr von *Hamburg* ab, und kamen bey ziemlich trübem Wetter, nach ein paar Stunden im *Zollenspyker* an, um uns von da über die Elbe setzen zu lassen; indessen dass die Fähre kam, liessen wir uns im Gespräch mit einer armen blinden Frau ein, welche gar keine Idee von Tag u. Nacht hatte. Da wir ihr nach der Ursache ihrer Blindheit fragten erzählte sie uns dass man sie eine halbe Stunde weit zur Taufe getragen habe, wobei ihr die Augen erfroren sind. Obgleich sie stockblind ist, sind ihr alle Wege bekannt, u. sie kann alles was sie bedarf selbst holen. Ich bedauerte die arme Frau, bewunderte aber die flegmatische Ruhe womit sie ihr Leid erträgt; sie hatte das Vergnügen ein Christ zu seyn theuer erkaufen müssen!« (R, 9)

Drei Jahre später tritt Schopenhauer mit seinen Eltern eine zweijährige Vergnügungsreise durch Holland, England, Belgien, Frankreich, die Schweiz und Preußen an. Staunend erlebt der Fünfzehnjährige die große Gesellschaft, die Schönheit von Natur und Kunst, aber auch das kümmerliche Los verarmter Menschen. Immer wieder wird das tägliche Spiel der heiteren und kurzweiligen Unterhaltungen in den interessantesten Städten Europas durchkreuzt vom Ernst einer ganz anderen Realität. Am 8. Juni 1803 beispielsweise bezeugt er in seinen *Reisetagebüchern* den empörenden Anblick einer »englischen Hängeszene«: »Ich schauderte da man ihnen den Strick umband, dies war der gräßliche Augenblick: ihre Seele schien schon in einer andern Welt zu seyn, es war als ob sie das alles nicht bemerckten. Ein Geistlicher war mit ihnen auf dem Gerüst; er sprach besonders mit einem von ihnen anhaltend: es war ein jämmerlicher Anblick, zu sehn mit welcher Angst diese Menschen selbst den letzten Augenblick noch zum beten benutzen wollten: Einer von ihnen der dabei immer die gefalteten Hände auf und nieder bewegte, machte nachdem er schon gefallen war, noch ein Paar Mal diese Bewegung.« (R, 64)

Kritische Auseinandersetzungen und Randschriften zu Büchern

Die zweite Textgruppe lässt sich in kritische Auseinandersetzungen (HN II) und Randschriften zu Büchern (HN V) einteilen. Die kritischen Auseinandersetzungen enthalten die *Vorlesungshefte* von 1809 bis 1813 mit Nachschriften von gehörten Vorlesungen aus der Studentenzeit, versehen mit Randglossen. Unter den aus dem Gedächtnis zusammengefassten Vorlesungen befinden sich z.B. umfangreiche Aufzeichnungen zu Fichte (ca. zweihundert Seiten, bis heute weitgehend unausgewertet). Außerdem umfassen die kritischen Auseinandersetzungen die *Studienhefte* von 1811 bis 1818 mit Bemerkungen zu den Werken von Platon und Aristoteles, von Locke und Kant sowie von nachkantischen Philosophen. Die Randschriften zu Büchern sind meist kleinere Notizen, mit denen Schopenhauer bis 1860 seine gelesenen Bücher versieht.

Als Student in Berlin hört Schopenhauer Fichte, in den er anfangs große Erwartungen setzt (»ächter Philosoph und großer Geist«; B, 261), für den er aber schließlich nur noch Verachtung und Spott übrig hat. So notiert er beispielsweise 1811/1812 in sein Vorlesungsheft. »In dieser Stunde hat er außer dem hier Aufgeschriebenen Sachen gesagt die mir den Wunsch auspreßten, ihm eine Pistole auf die Brust sezzen zu dürfen und dann zu sagen: Sterben mußt du jetzt ohne Gnade; aber um deiner armen Seele Willen, sage ob du dir bey dem Gallimathias etwas deutliches gedacht hast oder uns blos zu Narren gehabt hast?« (HN II, 41; vgl. Fichtes diesbezügliche, von Schopenhauer zusammengefasste Vorlesungsstunde in: HN II, 40 f.)

Schopenhauer setzt sich auch mit Schleiermacher kritisch auseinander. Der Religionsphilosoph sagt in einer Vorlesung 1812, von Schopenhauer notiert: »Ph[ilosophie] und Religion können nicht ohne einander bestehn: keiner kann Philosoph seyn ohne religiös zu seyn. Umgekehrt muß der Religiöse sich wenigstens die Aufgabe der Ph[ilosophie] machen.« Schopenhauer kontert mit einer atheistischen Notiz: »Keiner der religiös ist gelangt zur Ph[ilosophie]; er braucht sie nicht. Keiner der wirklich philosophirt ist religiös: er geht ohne Gängelband, gefährlich aber frey.« (HN II, 226)

Die Randschriften, die Schopenhauer zu den Hunderten von Büchern macht, die er besitzt – zum Teil sind sie verschollen –, geben ein lebendiges Zeugnis von inhaltlich pointierten, oft polemischen Auseinandersetzungen mit den großen Dichtern und Denkern. Umfangreichere Randschriften, die sich den originalen Textstellen genau zuordnen lassen, finden sich zu Augustinus, Fichte, Goethe, Kant, Leibniz, Reinhold, Schelling, Schulze (Aenesidemus) und Spinoza. (Vgl. HN V)

Philosophische Vorlesungen

Die umfangreichen Texte bestehen u.a. aus Schopenhauers 1820 in Berlin gehaltener großer Vorlesung, die, wie bereits gesagt, den ersten Band der *Welt als Wille und Vorstellung* auf nahezu doppeltem Umfang reformuliert. Die große Vorlesung gehört schon thematisch zum wichtigsten Teil des Nachlasses. Sie wurde bereits weiter oben im Kapitel »Das Hauptwerk« vorgestellt.

Die philosophischen Vorlesungen (VN I, VN II, VN III, VN IV) umfassen in chronologischer Reihenfolge: 1. die *Probevorlesung, über die vier verschiedenen Arten von Ursachen* (gelesen im März 1820), 2. die *Declamatio in laudem philosophiae* (*Feierliche Lobrede auf die Philosophie*, gelesen im März 1820), 3. die große *Vorlesung über Die gesammte Philosophie d.i. Die Lehre vom Wesen der Welt und von dem menschlichen Geiste. In vier Theilen* (nur ein einziges Mal gelesen im Sommer 1820; weiterhin angekündigt im Winter 1820/1821, Sommer 1821, Sommer 1822), 4. die *Vorlesung über die Grundlegung zur Philosophie oder Die Theorie der gesammten Erkenntniß*, in den Manuskripten *Dianoiologie* genannt (nicht gelesen; angekündigt im Winter 1821/1822 und alle Semester seit Winter 1826/1827 bis einschließlich Winter 1831/1832). – Die *Dianoiologie*, die Schopenhauer weitgehend in den ersten Teil der großen Vorlesung (3.) eingearbeitet hat, lässt sich nicht mehr mit Sicherheit vollständig aus der zweiten Fassung herauslösen.

Manuskripte

Diese Textgruppe setzt sich zusammen aus meist aphorismenartigen Notizen über die verschiedensten Gegenstände von der Berliner Studentenzeit bis zum Tod 1860. Die Entstehung und der Ausbau des Systems werden durch sie gut erkennbar. Die einzelnen Manuskriptbücher, die unterschiedliche Namen haben, z.B. *Foliant I*, *Quartant* oder *Cholerabuch*, machen den größten Teil des Nachlasses aus: Sie dienen gleichsam als Vorratskammer für neue Schriften und für Ergänzungen bei Neuauflagen. Hinzu kommen umfangreichere Texte wie beispielsweise die *Eristische Dialektik* oder Schopenhauers Übersetzung von Balthasar Graciáns *Hand-Orakel und Kunst der Weltklugheit* aus dem Spanischen. (HN I, HN III, HN IV 1, HN IV 2)

Die folgenden Leseproben aus den Manuskripten, literarisch abgerundete Miniaturen, sollen dazu anregen, Schopenhauers Nachlass zu durchstreifen, ihn neu zu entdecken:

»Wenn man mich frägt, wo denn die *intimste Erkenntniß* jenes innern Wesens der Welt, jenes Dinges an sich, das ich den *Willen zum Leben* genannt habe, zu erlangen sei?, oder wo jenes Wesen am deutlichsten ins Bewußtseyn tritt?, oder wo es die reinste Offenbarung seines Selbst erlangt? – so muß ich hinweisen auf die *Wollust im Akt der Kopulation.* Das ist es! Das ist das wahre Wesen und der Kern aller Dinge, das Ziel und der Zweck alles Daseyns. Daher auch ist es, für die lebenden Wesen, *subjektive*, das Ziel alles ihres Thuns, ihr höchster Gewinn; und ist *objektive* das Welterhaltende, denn die Unorganische Welt hängt an der organischen durch die Erkenntniß. Daher die Andacht zum *Lingam* und zum *Phallus.*

Und was ist eben jenes für uns? Das sagt *Shakespeare's* 129stes Sonnet.

Ueber der Thür des Bordells zu *Pompeji* stand, unter dem Phallus, *hic habitat felicitas* [hier wohnt das Glück]: diese Inschrift befindet sich jetzt im *Studio a Napoli.*« (HN III, 240)

»Wenn die *Natur den letzten Schritt* bis zum Menschen, statt vom *Affen* aus, vom *Hunde* oder *Elephanten* aus, genommen hätte; wie ganz anders wäre da der Mensch. Er wäre ein vernünftiger Elephant, oder vernünftiger Hund, statt daß er jetzt ein vernünftiger Affe ist. Sie nahm ihn vom Affen aus, weil es der kürzeste [Schritt] war; aber durch eine kleine Aenderung ihres früheren Ganges wäre er von einer andern Stelle aus kürzer geworden.« (HN IV 1, 5)

»Das große Publikum meynt es sei mit den Büchern wie mit den Eiern: sie müssen frisch genossen werden; daher greift es stets nach dem Neuen.« (HN IV 1, 215)

»Gespräch von *Anno 33*:
A. Wissen Sie schon das Neueste?
B. Nein, was ist passirt?
A. Die Welt ist erlöst!
B. Was Sie sagen!
A. Ja, der liebe Gott hat Menschengestalt angenommen und sich in Jerusalem hinrichten lassen: dadurch ist nun die Welt erlöst und der Teufel geprellt.
B. Ei, das ist ja ganz scharmant.« (HN IV 2, 21)

Philosophisch besonders ergiebig ist der Briefwechsel mit Julius Frauenstädt und – fast noch wichtiger – der mit Johann August Becker. Becker formuliert seine kritischen Einwände sehr fundiert und zwingt Schopenhauer zu genauen Klarstellungen.

Der folgende Text ist ein Auszug aus einem Brief an Julius Frauenstädt. Es geht Schopenhauer um die nachdrückliche Betonung, dass seine Philosophie immanent, nicht transzendent ist. Sie hält sich – in ihrem Selbstverständnis – innerhalb der Schranken der Möglichkeit der Erfahrung und kann daher auch nur von Erscheinungen reden. Schopenhauer lehnt jede Art von transzendentem Monotheismus ab. Ebenso auch jede Philosophie, die diesem Ursprungsdenken, das von einem Absolutum ausgeht, nachgebildet ist. (Vgl. W II, Kap. 17, 206) Solches Denken redet nur von Wolkenkuckucksheimen wie z.B. auch der (kosmologische) Gottesbeweis. Schopenhauer insistiert demgegenüber darauf (immer vor dem Hintergrund seiner Erkenntnistheorie), dass die Metaphysik es mit der Welt, mit den konkreten erfahrbaren Dingen, zu tun hat. Die Metaphysik kann bei ihren Deutungen und Auslegungen die Urbedingung des Erkennens, das Bewusstsein, sowie die Formen des Satzes vom Grund bzw. die Gehirnfunktionen nicht überspringen (wie dies dogmatische Formulierungen des Monotheismus und der Ursprungsphilosophie tun). Das Ding an sich ist Ding an sich bloß relativ in Bezug auf die Erscheinung, und diese ist Erscheinung bloß in Relation zum Ding an sich. Weder steht der Wille als ein vermeintliches Absolutum außerhalb der Welt noch ist er die außerweltliche Ursache der Welt. Die Welt ist Wille und Vorstellung. Sie weist nicht auf einen transzendenten Gott, sondern allenthalben auf den Menschen: auf seinen Willen, auf seine Vorstellung. In dem Brief heißt es:

»Ich muß, mein werther Freund, mir alle ihre vielen und großen Verdienste um die Verkündigung meiner Philosophie vergegenwärtigen, um nur nicht außer aller Geduld und Fassung zu gerathen, bei Ihrem letzten Briefe. [...] Vergebens z.B. habe ich geschrieben, daß Sie das Ding an sich nicht zu suchen haben in Wolkenkukuksheim (d.h. da, wo der Judengott sitzt), sondern in den Dingen dieser Welt, – also im Tisch, daran Sie schreiben, im Stuhl unter Ihrem Werthesten. Vielmehr sagen Sie, es ›bliebe ein Widerspruch, daß ich vom Dinge an sich aussagte, was mit dem Begriffe des Dinges an sich unvereinbar wäre.‹ Ganz richtig! Mit *Ihrem* Begriff von Ding an sich ist's ewig unvereinbar, und diesen eröffnen Sie uns in folgender präklaren Definition: das Ding an sich ist ›das ewige, unentstandene, und unvergängliche Urwesen.‹ – *Das* wäre das Ding an sich?! – Den Teufel auch! – Ich will Ihnen sagen was das ist: das ist das wohlbekannte *Absolutum*, also der verkappte kosmologische [Gottes-]Beweis, auf dem der Judengott reitet. Und Sie gehen vor ihm her, wie König David vor der Bundeslade, und singen tanzend *aut aut!* ganz glorreich. – Und ist doch selbst Er, trotz seiner obigen kugelfest machenden Definition, ganz schön aufgehoben worden, von *Kant*; so daß ich ihn nur als todten Leichnahm überkommen habe: aber zieht mir, wie in Ihrem Briefe, der Gestank des Kadavers in die Nase, so werde ich unwillig. Sie haben ihm eine neue Maske und Titel geben wollen: allein da diese aus der Kantischen Garderobe gestohlen ist, thun wir Einspruch. Nennen Sie ihn also nur wie die Andern, in Ihrem Sinne philosophirenden Kamaraden, z.B. das Uebersinnliche, die *Gottheit*, das Unendliche, das Unvordenkliche, oder am schönsten, mit Hegel: ›die Uedäh!‹ [schwäbisch für: Idee] – Wir wissen ja doch Alle was dahinter steckt: es ist der Herr von Absolut, der, wenn man ihn packt und sagt: ›woher bist denn Du, Bursche?‹ – antwortet: ›Impertinente Frage! ich bin ja der Herr von Absolut, der keine Rechenschaft schuldig ist: das folgt ›analytisch aus meinem Namen‹ [...].

Meine Philosophie redet nie von Wolkenkukuksheim, sondern von *dieser Welt*, d.h. sie ist *immanent*, nicht transscendent. Sie liest die vorliegende Welt ab, wie eine Hieroglyphentafel (deren Schlüssel ich gefunden habe, im Willen) und zeigt ihren Zusammenhang durchweg. Sie lehrt, was die Erscheinung sei, und was das Ding an sich. Dieses aber ist Ding an sich blos *relativ*, d.h. in seinem Verhältniß zur Erscheinung: – und diese ist Erscheinung bloß in Relation zum Ding an sich. Außerdem ist *sie* ein Gehirnphänomen. Was aber das Ding an sich *außerhalb* jener Relation sei, habe ich nie gesagt, weil ich's nicht weiß: *in* derselben aber ist's Wille zum Leben. [...] Was nun Das, was wir allein als Wille zum Leben und Kern dieser Erscheinung kennen, *außerdem* sein möge, wenn es nämlich Dieses *nicht mehr*, oder *noch nicht* ist, – ist ein *transscendentes* Problem, d.h. ein solches, dessen Lösung die *Formen* unsers Intellekts, welche bloße Funktionen eines, zum Dienste der individuellen Willenserscheinung bestimmten Gehirns sind, gar nie zu fassen und zu denken fähig sind; so daß, wenn es uns wirklich *offenbart* würde, wir durchaus nichts davon verstehen würden. [...]

Heute habe ich denn auch wohl Ihre Eitelkeit etwas gekränkt: läßt sich nicht ändern. Nehmen Sie nur die bittere Arznei aus den Händen Ihres Freundes *Arthur Schopenhauer*.

Frankfurt a.M., den 21. August 1852.« (B, 290 ff.)

6. Schlussbetrachtung

Die große Umwertung: Wille und Intellekt

Im Zentrum von Schopenhauers pessimistischer Philosophie steht 1. die gänzliche Sonderung des Willens von der Erkenntnis und 2. das Primat des Willens gegenüber der Erkenntnis. Schopenhauer nennt diese beiden Aspekte den »Grundcharakter meiner Philosophie« (W II, Kap. 41, 567). Sie gehören zum Zentrum des *einen* Gedankens, dass die Welt »durch und durch Wille und zugleich durch und durch Vorstellung« ist.

Die Sonderung des Willens von der Erkenntnis bricht mit der traditionellen Überzeugung, wonach das Wollen ausschließlich ein rationaler Vorgang sei. Jetzt gilt: Die Erkenntnis, durch die der Wille im Menschen wie auch schon im Tier geleitet wird, ist selbst nur ein Produkt des Willens auf einer höheren Stufe seiner Erscheinung. Der Intellekt (bzw. das Gehirn) ist ein Werkzeug des Willens, das der Lebenserhaltung dient: »Wie mit jedem Organ und jeder Waffe, zur Offensive oder Defensive, hat sich auch, in jeder Thiergestalt, der Wille mit einem *Intellekt* ausgerüstet, als einem Mittel zur Erhaltung des Individuums und der Art.« (N, 48) Im Tier wie im Menschen erscheint der Wille in einem mit Erkenntnisorganen versehenen Leib. Durch diese erst geht ihm gleichsam ein Licht auf, jetzt erst vermag er mit Bewusstsein zu wollen. Die Welt als Vorstellung tritt zur Welt als Wille hinzu: »Auf dieser schmalen Linie nun schwebt die *Welt als Vorstellung*, d.h. diese ganze in Raum und Zeit ausgebreitete Körperwelt, die *als solche* nirgends als in Gehirnen vorhanden seyn kann; so wenig wie die Träume, als welche, für die Zeit ihrer Dauer, eben so dastehn.« (N, 71) Genau diesen Sachverhalt meint Schopenhauer, wenn er von einem anderen Blickwinkel aus sagt, dass »das Seyn der Dinge in ihrem Vorgestelltwerden besteht« (VN I, Kap. 1, 126). Die empirische Realität der Körperwelt gibt es nur ein einziges Mal: in der Vorstellung. Unabhängig von der Vorstellung existiert keine Körperwelt. Die Verdopplung von Vorstellung und Gegenstand der Vorstellung, wie sie in erkenntnistheoretischen Abbildtheorien vorkommt, in gewisser Weise auch noch bei Kant, lehnt Schopenhauer strikt ab.

Mit der genetischen Betrachtung des Intellekts steht Schopenhauer an der Schwelle der naturwissenschaftlichen Evolutionstheorie des 19. Jahrhunderts, wie sie z.B. von Charles Darwin (1809-1882) vertreten wird. Ein Durchbruch zur Einsicht in den Entwicklungszusammenhang der Arten findet jedoch nicht statt. Aufgrund der Erkenntnistheorie (Apriorismus) und der Metaphysik (Ideenlehre) begreift Schopenhauer die Arten als konstante Erscheinungsformen der unentstandenen und unwandelbaren Ideen. Er hält unverrückbar daran fest, dass der Wille als Ding an sich jeder *zeitlichen* evolutionären Entwicklung entrückt ist. Entscheidend ist das Resultat: Der Intellekt stellt sich gleichsam nur »per accidens«, zufällig, nebenbei ein. Der Wille kann auch ohne Erkenntnis bestehen.

Die Auffassung vom Primat des Willens gegenüber der Erkenntnis, den zweiten Aspekt, bezeichnet Schopenhauer selbst als ein »Hauptdogma« (HN III, 255) seiner ganzen Lehre. Er formuliert es in zahlreichen Variationen, z.B.: Der Wille ist metaphysisch, unzerstörbar, ewig, der Intellekt ist physisch, zerstörbar, zeitlich; der Wille ist das Primäre, der Herr, der Intellekt das Sekundäre, der Diener; der Wille ist der eigentliche Mensch, der Intellekt sein Fühlhorn. Auf der Grundlage des metaphysischen Primats des Willens erweitert (oder radikalisiert) Schopenhauer das Konzept der Psychologie. Unter dem Blickwinkel unbewusster Einflussnahmen, denen das Ich ausgesetzt ist, entwirft er de facto in Umrissen eine Psychologie des Unbewussten. Er nennt sie in einer Kapitelüberschrift »Vom Primat des Willens im Selbstbewußtseyn«. (Vgl. W II, Kapitel 19)

Der bewusste Intellekt weiß nie, was der an sich nicht bewusste Wille in seiner »geheimen Werkstätte« beschließt. Zwar liefert der Intellekt durch Anschauungen und Begriffe dem Willen die Motive zum Handeln, doch wie diese Vorstellungen gewirkt haben, erfährt er erst hinterher. Nur durch »Belauschen und Überraschen« können wir bisweilen die wahren Absichten verstehen:

»Oft wissen wir nicht was wir wünschen, oder was wir fürchten. Wir können Jahre lang einen Wunsch hegen, ohne ihn uns einzugestehn, oder auch nur zum klaren Bewußtseyn kommen zu lassen; weil der Intellekt nichts davon erfahren soll; indem die gute Meinung, welche wir von uns selbst haben, dabei zu leiden hätte: wird er aber erfüllt, so erfahren wir an unserer Freude, nicht ohne Beschämung, daß wir Dies gewünscht haben: z.B. den Tod eines nahen Anverwandten, den wir beerben. Und was wir eigentlich fürchten, wissen wir bisweilen nicht; weil uns der Muth fehlt, es uns zum klaren Bewußtseyn zu bringen. – Sogar sind wir oft über das eigentliche Motiv, aus dem wir etwas thun oder unterlassen, ganz im Irrthum, – bis etwan endlich ein Zufall uns das Geheimniß aufdeckt und wir erkennen, daß was wir für das Motiv gehalten, es nicht war, sondern ein anderes, welches wir uns nicht hatten eingestehn wollen, weil es der guten Meinung, die wir von uns selbst hegen, keineswegs entspricht. Z.B. wir unterlassen etwas, aus rein moralischen Gründen, wie wir glauben; erfahren jedoch hinterher, daß bloß die Furcht uns abhielt, indem wir es thun, sobald alle Gefahr beseitigt ist.« (W II, Kap. 19, 234 f.)

Schopenhauer bringt das Primat des Willens auf die schlichte Formel: »Was dem Herzen widerstrebt, läßt der Kopf nicht ein.«

(W II, Kap. 19, 244) Sigmund Freud (1856-1939), der auch die Ohnmacht des Ich angesichts der Macht des Unbewussten thematisiert – dass das Ich »nicht einmal Herr ist im eigenen Hause«[64] –, nennt ausdrücklich Schopenhauer als »Vorgänger« der Psychoanalyse.[65]

Durch die Sonderung des Willens von der Erkenntnis und durch das Primat des Willens vollzieht Schopenhauer in seinem Selbstverständnis eine Umwertung des europäischen Denkens. Nach »Jahrtausenden des Philosophirens« (W II, Kap. 18, 222) beseitigt er den »Grundirrthum aller Philosophen« (W II, Kap. 19, 230), dass das eigentliche Wesen des Menschen im erkennenden Bewusstsein liege: »Der *Wille* hingegen, welcher in allen früheren, sonst noch so verschiedenen Systemen als eines der letzten Ergebnisse auftritt, ist bei mir das Allererste. Der *Intellekt* wird, als bloße Funktion des Gehirns, vom Untergang des Leibes mitgetroffen; hingegen keineswegs der *Wille*.« (W II, Kap. 21, 306) Mit dieser Umwertung geht auch eine tief greifende Kritik an der transzendenten Hypostase der Begriffe »Seele« und »Gott« einher. Denn: »Der *Intellekt* ist eine Eigenschaft des Thiers, ist also wesentlich animalisch, nur so und nicht anders ist er uns bekannt.« (HN III, 366) Dieser vergängliche und nichtige Intellekt dringt nicht wirklich in das Innere der Natur, kann das Wesen der Dinge, das selbst erkenntnislos ist, nicht erfassen. Auf der letzten Seite der großen Vorlesung heißt es:

»Die *Dunkelheit* welche über unser Daseyn verbreitet ist, [...] muß man sich nicht daraus zu erklären suchen daß wir von irgend einem ursprünglichen Licht abgeschnitten wären, oder unser Gesichtskreis durch irgend ein äußeres Hinderniß beschränkt wäre, oder die Kraft unsers Geistes der Größe des Objekts nicht angemessen wäre; durch welche Erklärung alle jene Dunkelheit nur *relativ* wäre, nur in Beziehung auf uns und *unsre* Erkenntnißweise vorhanden. Nein, sie ist absolut und ursprünglich: sie ist daraus erklärlich daß das innre und ursprüngliche Wesen der Welt nicht *Erkenntniß* ist, sondern allein *Wille*, ein erkenntnißloses [Wesen]. Die Erkenntniß überhaupt ist sekundären Ursprungs, ist ein Accidentelles und Aeußeres: darum ist nicht jene Finsterniß ein zufällig beschatteter Fleck mitten in der Region des Lichtes; sondern die Erkenntniß ist ein Licht mitten in der grenzenlosen ursprünglichen Finsterniß, in welche sie sich verliert.« (VN IV, Kap. 9, 272 f.)

Die Welt als Mensch

Ein Hinweis auf den Pantheismus der Stoa soll Schopenhauers *einen* Gedanken zum Abschluss noch einmal pointiert charakterisieren. Die (in sich sehr differenzierte) Stoa lehrt, kurz gesagt, einen Pantheismus: Gott lebt in allen Dingen, Gott und Welt bilden eine substanzielle Einheit. Der Gott der Stoa, der Logos, ist von Ewigkeit an mit der Welt verbunden, ist selbst körperlich, materiell, ist Feuer, aber zugleich Geist, ist die alles zum Besten gestaltende und ordnende Weltvernunft. Dieser Gott ist das denkende und feuerartige Pneuma, das Sein, das ewig Leben spendet. Die Stoa vertritt eine materialistische Logosphilosophie.

Für Poseidonios (ca. 135-50 v. Chr.), der der mittleren Stoa angehört, ist die Welt ein einziger vernünftiger, beseelter Organismus. Die Welt als Ganzes ist ein vollkommenes göttliches Lebewesen, das Vernünftige schlechthin. Der schöpferische Geist ist schon im Meer, in der Pflanze, im Tier. Alle Dinge sind Glieder des einen großen Organismus, in den sich auch der stoische Weise eingeordnet weiß. Aufgrund dieses Wissens führt er ein tugendhaftes Leben, frei von Affekten und von Leidenschaften, und steht im bewussten Einklang mit dem Weltlogos. Mit Schopenhauer gesprochen: Für den Stoiker ist der Intellekt der Herr, der Wille der Knecht.

Alle Dinge der Welt sind durch »sympatheia« (griech.: Sympathie), d.h. durch Wechselwirkung, durch Mitempfinden zu einem einheitlichen Ganzen verwachsen. So wie im menschlichen Körper jede Veränderung eines Teils vom Ganzen mitempfunden wird, so zieht auch im Makrokosmos jeder Einzelvorgang das Ganze in Mitleidenschaft, während andererseits jedes Einzelding nur als Teil des Gesamtorganismus existieren kann. Der Skeptiker Sextus Empiricus überliefert den von Poseidonios vertretenen Gedanken des großen Weltorganismus: »Die Welt ist eine innere Einheit. Denn bei den Körpern, die aus Zusammengefügtem und Getrenntem bestehen, gibt es kein ›Mitleiden‹, keine Sympathie der Teile miteinander. [...] Bei dem innerlich Geeinten findet dagegen ein Mitleiden statt: schneidet man sich in den Finger, so wird der ganze Körper mitaffiziert. Ein innerlich geeinter Körper ist also auch die Welt.«[66] »Mitleiden« steht hier für »sympátheia« und meint die mitempfundene Wechselwirkung, auch zwischen den fernsten Teilen der Welt.[67]

Mit der langen und einflussreichen Wirkungsgeschichte des Pantheismus der Stoa geht häufig eine (bisweilen auch enthusiastische) Naturverehrung einher. Einen Höhepunkt von vielen bildet der dem Pantheismus zumindest nahe stehende Naturhymnus von Shaftesbury (1671-1713), in dem es heißt: »Erhabene Natur! über alles schön und ohne Schranken gut! all-liebend und all-liebenswert, all-göttlich!«[68]

Schopenhauers Haltung gegenüber dem Pantheismus ist in ihrer Differenzierung von Ablehnung und Zustimmung aufschlussreich. Am entschiedensten lehnt er die pantheistische Gleichsetzung von Gott und Welt aus moralischen Gründen ab. Die Welt ist nicht die Erscheinung eines Gottes. Diese im Grunde optimistische Auffassung ist eine Apotheose der »gequälten Welt«, eine Rechtfertigung des Bösen, ein bitterer Hohn über die namenlosen Leiden der Menschheit. »*Pantheismus?* – Das wäre ein sauberer *Gott*, der verkörpert nichts Besseres darstellte, als diese zappelnde, leidende, blutende, sterbende Welt, deren Wesen eines das andre fressen und nur dadurch bestehn. Eine herrliche *Theophanie*!« (HN IV 1, 142) »Die Absurdität ist schreiend« (W II, Kap. 46, 667) und nur noch durch die des Theismus zu überbieten, wonach ein persönlicher Gott die Welt aus dem Nichts geschaffen haben soll. »Viel richtiger wäre es die Welt mit dem Teufel zu identificiren.« (P II, § 69, 107) Darüber hinaus lässt der Pantheismus die Welt unerklärt. Die Welt »Gott« nennen heißt nur, der Sprache ein überflüssiges Synonym für das Wort »Welt« hinzuzufügen. In Wahrheit ist der Pantheismus ein höflicher Atheismus.

Schopenhauers Zustimmung ist dennoch gewichtig. Mit der pantheistischen Lehre von der Ureinheit alles Seienden, dem »hen kai pān« (griech.: eins und alles), stimmt er überein. Hier weiß er sich eins mit den Eleaten, mit Scotus Eriugena, Giordano Bruno und Spinoza. Selbst der sonst so verhasste Schelling findet Erwähnung. Auch die indische Urweisheit der Upanishaden wird als wichtiger Beleg herangezogen. Die Wahrheit des Pantheismus besteht für Schopenhauer in der All-eins-Lehre, in der Aufhebung des dualistischen Gegensatzes von Gott und Welt, in der Erkenntnis, dass die Welt aus ihrer inneren Kraft und durch sich selbst ist. Gegenüber seinen Vorgängern jedoch beansprucht Schopenhauer als Erster herausgefunden zu haben, was dieses Eine ist: »Der *Pantheismus* nennt den in den Dingen wirkenden Willen einen Gott; wovon ich die Absurdität oft und stark genug gerügt habe: ich nenne ihn den *Willen zum Leben*; weil dies das letzte Erkennbare an ihm ausspricht.« (P I, 141) Der Wille ist einer, der in jedem Ding der Natur, in jedem Lebewesen »ganz und ungetheilt« gegenwärtig ist.[69] Die Vielheit der Dinge betrifft nicht den Willen, sondern die Welt als Vorstellung und hat ihre Wurzel in der Erkenntnisweise des Subjekts (Satz vom Grund bzw. Gehirnfunktionen).

Ähnlich wie Poseidonios – jedoch mit anderen Bestimmungen und Wertungen – verwendet Schopenhauer für die Welt das Bild von einem großen Organismus. Er nennt die Welt an einer Stelle im Hauptwerk »Makranthropos«, was so viel heißt wie »Großmensch«: »Ebenfalls hatte man, seit den ältesten Zeiten, den Menschen als Mikrokosmos angesprochen. Ich habe den Satz umgekehrt und die Welt als Makranthropos nachgewiesen; sofern Wille und Vorstellung ihr wie sein Wesen erschöpft.« (W II, Kap. 50, 739) Die Bezeichnung »Makranthropos« erinnert an die Mythen Platons, die dieser dann dichtet, wenn er die Grenzen des Sagbaren erreicht und allenfalls eine wohlbegründete Vermutung aussprechen kann.[70] Bei aller Dezidiertheit des Ausdrucks sind auch bei Schopenhauers Makranthropos erkenntniskritische Einschränkungen mit zu denken.

Das Wesen aller Dinge, das Wesen der Welt, kann nur im Zusammenhang mit dem Wesen des Menschen verstanden werden. Mikrokosmos und Makrokosmos erläutern sich gegenseitig, indem sie sich im Kern als dasselbe erweisen. In jedem Einzelnen erscheint der ganze, ungeteilte Wille zum Leben, und der Mikrokosmos ist dem Makrokosmos gleich: »Jeder ist also in diesem doppelten Betracht [im Hinblick auf Wille und Vorstellung] die ganze Welt selbst, der Mikrokosmos, findet beide Seiten derselben ganz und vollständig in sich selbst. Und was er so als sein eigenes Wesen erkennt, das Selbe erschöpft auch das Wesen der ganzen Welt, des Makrokosmos: auch sie also ist, wie er selbst, durch und durch Wille, und durch und durch Vorstellung, und nichts bleibt weiter übrig.« (W I, § 29, 193) An einer anderen Stelle heißt es ähnlich: »In jedem Mikrokosmos liegt der ganze Makrokosmos, und dieser enthält nichts mehr als jener.« (W II, Kap. 38, 506)

Nicht wie beim Pantheismus Gott und die Welt fallen bei Schopenhauer zusammen, sondern Mensch und Welt. Die Welt ist eine Art großer Mensch. Dieser große verweltlichte Mensch oder diese große vermenschlichte Welt ist eine Lebenseinheit, die auch als Ganzes durch die Sonderung des Willens von der Erkenntnis und durch das Primat des Willens charakterisiert ist. Der Makranthropos ist ein großer Wille, der nicht weiß, was er will. Jeder einzelne Mensch ist dieser Wille, in dem das innere Wesen der Welt besteht, so wie der einzelne Mensch auch das erkennende Subjekt ist, in dessen Vorstellung die ganze Gegenstandswelt nur in Bezug auf sein Bewusstsein ein Dasein hat.

Der Makranthropos, dem Schopenhauer mit seinem methodischen Perspektivenwechsel beizukommen sucht, weist wohl neben (neu-)platonischen Einflüssen der Renaissance-Philosophie auch mystisch-alchimistische und romantische Spuren auf. Er lässt z.B. an Paracelsus oder an Novalis denken, jedoch nicht mehr an Kant.[71] Auch Einflüsse der indischen Philosophie können hier ausgemacht werden.[72] Der große Mensch, der gleichsam sich selbst verborgen ist, lässt sich im Rahmen der Vorstellungswelt äußerer Gegenstände weder durch Wissenschaft erklären oder entschlüsseln noch durch Technik beherrschen. Das Selbstbewusstsein, die intime Erkenntnis, die jeder von sich selbst hat, der eigene Wille, gibt den Schlüssel ab, um das unsichtbare und bewusstlose Innere der Natur *ein Stück weit* aufzuschließen. Für das Verständnis von Schopenhauers gesamtem Werk kommt daher folgendem Satz eine ganz besondere Bedeutung zu: »Es [ist] richtiger, die Welt aus dem Menschen verstehn zu lehren, als den Menschen aus der Welt.« (W II, Kap. 50, 739)[73]

Die Koinzidenz von »Welt« und »Mensch« verändert diese beiden Begriffe und verschiebt ihre herkömmlichen Bedeutungen. Die Termini »Welt« und »Mensch« sind durch die Aufhebung ihrer Grenzen kaum wiederzuerkennen. Vordergründig wird die Welt durch ihre Deutung am Modell des Menschen scheinbar vertrauter, aber näher besehen wird der Mensch durch diese Deutung weltlos und fällt ganz auf sich zurück, auf die bloße Faktizität, *dass* er leben will und *dass* er die Welt als Vorstellung bedingt. Er weiß nicht mehr, wo er anfängt und aufhört, er ist sich fremd und unheimlich. Der Mensch ist unendlich mehr, als er von sich weiß und von sich wissen kann: »Der Zusammenhang, ja, die Einheit der menschlichen mit der thierischen und ganzen übrigen Natur, mithin des Mikrokosmos mit dem Makrokosmos, spricht aus der geheimnißvollen, räthselschwangern Sphinx, aus den Kentauren, aus der Ephesischen Artemis mit den, unter ihren zahllosen Brüsten angebrachten, mannigfaltigen Thiergestalten, eben wie aus den Aegyptischen Menschenkörpern mit Thierköpfen und dem indischen Ganesa.« (P II, § 198, 437)[74]

Anhang

Anmerkungen

1 Arthur Hübscher (Hg.), Schopenhauers Anekdotenbüchlein, Frankfurt/M. 1981, S. 62.

2 Johanna Schopenhauer enterbt ihren Sohn in ihrem Testament vom 5.7.1823 wegen dessen Benehmen seit 1818, »welches zu schrecklich ist, als daß ich es hier schriftlich wiederholen könnte« (BW III, 142).

3 Ernst Otto Lindner/Julius Frauenstädt, Arthur Schopenhauer. Von ihm. Ueber ihn, Berlin 1863, S. 158.

4 Arthur Schopenhauer, Gespräche, hrsg. von Arthur Hübscher, Stuttgart-Bad Cannstatt 1971, S. 46.

5 Vgl. ebenda, S. 92.

6 Vgl. Johanna Schopenhauer, Sämtliche Schriften, 24 Bände, Leipzig/Frankfurt/M. 1830 f.

7 Julius Frauenstädt, Briefe über die Schopenhauer'sche Philosophie, Leipzig 1854. – In 28 fingierten Briefen an einen Freund führt Frauenstädt in die Philosophie Schopenhauers ein und verteidigt sie gegen mögliche Einwände. Kommentierter Textauszug in: Volker Spierling (Hg.), Materialien zu Schopenhauers »Die Welt als Wille und Vorstellung«, Frankfurt/M. 1984, S. 235-252.

8 Die prämierte Arbeit von Rudolf Seidel und die nicht prämierte von Carl Georg Bähr gehören zu den ersten kritischen Gesamtdarstellungen, die auch wegen Schopenhauers rekonstruierbarer Reaktionen auf beide Schriften bedeutsam sind. Textauszüge mit ausführlichen Kommentaren in: Volker Spierling (Hg.), Materialien, a.a.O., S. 129-178.

9 Neudruck zusammen mit deutscher Übersetzung in: 14. Jahrbuch der Schopenhauer Gesellschaft, Heidelberg 1927, S. 129-218. – Bei Giacomo Leopardi (1798-1837) heißt es: »Zwei Wahrheiten, welche die Menschen nie glauben werden: daß sie nichts wissen und daß sie nichts sind. Man füge eine dritte hinzu, die sehr von der zweiten abhängt: daß es nach dem Tod nichts zu hoffen gibt.« (Das Gedankenbuch. Aufzeichnungen eines Skeptikers, übers. von Hanno Helbling,

München 1985, S. 574) Leopardi wird von Ernesto Grassi »Der italienische Schopenhauer« genannt. Vgl. Grassis gleichnamigen Aufsatz in: Volker Spierling (Hg.), Schopenhauer im Denken der Gegenwart. 23 Beiträge zu seiner Aktualität, München/Zürich 1987, S. 125-138.

10 Arthur Schopenhauer, Gespräche, a.a.O., S. 225.

11 Vgl. ebenda, S. 254 und S. 390.

12 Vgl. Ernst Otto Lindner/Julius Frauenstädt, Arthur Schopenhauer, a.a.O., S. 140.

13 Arthur Hübscher (Hg.), Schopenhauers Anekdotenbüchlein, a.a.O., S. 13.

14 S.u., Schlussbetrachtung: »Die Welt als Mensch«.

15 Schopenhauer beruft sich mehrfach auf das Höhlengleichnis, vgl. z.B. W I, § 31, 202 und Anhang, 496, 498. – Das Gleichnis ist aus: Platon, Der Staat, 514a-518a (7. Buch).

16 Diese Konstitutionslehre vertritt Schopenhauer ansatzweise bereits in: G1, § 24, 35 ff.

17 Ein Abdruck der 1. Auflage findet sich in: Arthur Schopenhauers sämtliche Werke, hrsg. von Paul Deussen, Bd. VI (hrsg. von Franz Mockrauer), München 1923.

18 Der vollständige Titel lautet: *Commentatio exponens Theoriam Colorum Physiologicam, eandemque primariam.*

19 Johann Wolfgang von Goethe, Gedichte, Epigrammatisch, »Lähmung«, in: ders., Sämtliche Werke, Artemis-Gedenkausgabe, hrsg. von Ernst Beutler, Bd. 1, München 1977, S. 456. – Schopenhauer zitiert selbst die beiden Epigramme in der 2. Auflage seiner Farbenlehre: F, Einl., 5.

20 Johann Wolfgang von Goethe, Schriften zur Farbenlehre, in: ders., Sämtliche Werke, a.a.O., Bd. 16, S. 63 f.

21 Ders., Maximen und Reflexionen, in: ders., Sämtliche Werke, a.a.O., Bd. 9, S. 574.

22 Der Einfluss Berkeleys auf Schopenhauer wurde in der Schopenhauer-Forschung eher zu wenig berücksichtigt. Ein umfassender Vergleich z.B. von Berkeleys Voluntarismus- und Nominalismus-Auffassungen mit denen Schopenhauers wäre noch eine lohnende Aufgabe.

23 Berkeley's Drei Dialoge zwischen Hylas und Philonous, übers. und eingel. von Raoul Richter, Leipzig 1901, S. 50. Vgl. auch den kurzen

Abriss der Philosophie von Berkeley in: Volker Spierling, Kleine Geschichte der Philosophie, erw. Neuausgabe, München 2004, S. 190-194.

24 Vgl. George Berkeley, Eine Abhandlung über die Prinzipien der menschlichen Erkenntnis, neu hrsg. von Alfred Klemmt, Hamburg 1964, S. 26.

25 Berkeley's Drei Dialoge zwischen Hylas und Philonous, a.a.O., S. 98.

26 George Berkeley, Eine Abhandlung über die Prinzipien der menschlichen Erkenntnis, a.a.O., S. 45.

27 Für Schopenhauer darf es kein Kausalitätsverhältnis zwischen Ding an sich und Vorstellungen geben, einzig zwischen den Vorstellungen. Schopenhauer wirft Kant bei dessen Ableitung des Dings an sich einen unstatthaften, weil bewusstseinstranszendenten Gebrauch der Kategorie Kausalität vor und sieht hierin die »Achillesverse« (P I, 95) der kritischen Philosophie. Er folgt in dieser Kritik seinem Universitätslehrer Gottlob Ernst Schulze, der ihm als der »scharfsinnigste Gegner« (W I, Anhang, 519) Kants gilt. Schulze veröffentlicht unter dem Pseudonym »Aenesidemus«, das auf den antiken Skeptiker anspielt. Vgl. die von Schulze verfasste Schrift: Aenesidemus oder über die Fundamente der von dem Herrn Professor Reinhold in Jena gelieferten Elementar-Philosophie (anonym 1792), hrsg. von Manfred Frank, Hamburg 1996, S. 205-207. – Schulzes Brief an Schopenhauer vom 20.1.1814 ist eine kritische Anerkennung (der 1. Auflage) der Schrift *Ueber die vierfache Wurzel des Satzes vom zureichenden Grunde* mit einigen ausgeführten Vorbehalten. (Vgl. BW I, 161-163)

28 Schopenhauer lässt nur die 1. Auflage von Kants *Kritik der reinen Vernunft* von 1781 gelten, da diese seiner Auffassung nach im Gegensatz zum »verstümmelten, verdorbenen, gewissermaaßen unächten Text« (W I, Anhang, 516) der umgearbeiteten 2. Auflage von 1787 dem »wahren Idealismus« Berkeleys näher steht. Als Beleg und als Bestätigung seiner eigenen Philosophie zitiert Schopenhauer eine markante Stelle aus der 1. Auflage: »Wenn ich das denkende Subjekt wegnehme, muß die ganze Körperwelt wegfallen, als die nichts ist, als die Erscheinung in der Sinnlichkeit unsers Subjekts und eine Art Vorstellungen desselben.« (W I, Anhang, 515 = Kritik der reinen Vernunft, A 383)

29 Der Gedanke der »Drehwende« wird zusammengefasst in: Volker Spierling, Arthur Schopenhauer. Einführung in Leben und Werk, Leipzig 1998, S. 221-238. Vgl. hierzu W II, Kap. 22, 307-331.

30 Friedrich Nietzsche, Zu Schopenhauer. Philosophische Notizen, in: ders., Werke und Briefe. Historisch-Kritische Gesamtausgabe, Bd. 3, hrsg. von Hans Joachim Mette/Karl Schlechta, München 1935, S. 352-360. Nicht in der Kritischen Studienausgabe. – Abgedruckt und kommentiert in: Volker Spierling (Hg.), Materialien, a.a.O., S. 253-262.

31 Von dem französischen Physiologen Marie François Xavier Bichat (1771-1802) sagt Schopenhauer: »Daher lese, wer mich verstehn will, ihn; und wer ihn gründlicher verstehen will, als er sich selbst verstand, lese mich.« (W II, Kap. 20, 297)

32 Frauenstädt hebt 1876 die Ambivalenz dieser Position dezidiert hervor: »Schopenhauer ist also zwar *Materialist*, aber als Materialist zugleich *Idealist*, oder er ist idealistischer Materialist, im Gegensatz zu den *realistischen*, die Materie ganz und gar für ein Ding an sich nehmenden Materialisten des Alterthums und der Neuzeit.« (Abgedruckt in: Volker Spierling (Hg.), Materialien, a.a.O., S. 355)

33 Schopenhauer wendet sich gegen Gottfried Wilhelm Leibniz' rationalistische Beweise, dass unsere Welt die beste unter den möglichen sei. Die Erfahrung, die augenscheinlich gegen diesen Optimismus spricht, soll nicht durch blinde, abstrakte Begriffe mundtot gemacht werden. Vgl. Gottfried Wilhelm Leibniz, Die Theodizee, übers. von Arthur Buchenau, Hamburg 1968, S. 101-114.

34 Ein klassischer Text, der das Verhältnis von Philosophie und (wahrer) Rhetorik behandelt, ist: Platon, Phaidros, 257c-278b. Zur strikten Ablehnung der Rhetorik zu Beginn der Neuzeit vgl.: René Descartes, Abhandlung über die Methode des richtigen Vernunftgebrauchs, 1. Kapitel.

35 Vgl. Volker Spierling, Metaphysik aus empirischen Erkenntnisquellen, in: ders., Arthur Schopenhauer. Eine Einführung in Leben und Werk, a.a.O., S. 112-116. Vgl. das Stichwort »Ding an sich«, in: ders., Schopenhauer-ABC, Leipzig 2003, S. 45-51.

36 Vgl. Julius Frauenstädt, Briefe über die Schopenhauer'sche Philosophie, a.a.O., S. 268ff. Kommentierter Textauszug mit den Verteidigungen Schopenhauers in: Volker Spierling (Hg.), Materialien, a.a.O., S. 235-238 und S. 246-252.

37 Vgl. Volker Spierling (Hg.), Materialien, a.a.O., S. 285-287 und S. 328-334.

38 Zu Schopenhauers philosophie- und wissenschaftsgeschichtlicher Einordnung vgl.: Volker Spierling, Historische Zugänge, in: ders. (Hg.), Materialien, a.a.O., S. 14-37.

39 Thomas Hobbes greift diese auf Plautus zurückgehende Sentenz auf in: De Cive (Vom Bürger), hrsg. von Günter Gawlick, Hamburg 1977, S. 59.

40 Arthur Schopenhauer, Gespräche, a.a.O., S. 113.

41 Einen guten Überblick über Schopenhauers Verhältnis zur altindischen Weisheit gibt: Wilhelm Halbfass, Schopenhauer im Gespräch mit der indischen Tradition, in: Volker Spierling (Hg.), Schopenhauer im Denken der Gegenwart, a.a.O., S. 55-70. Vgl. auch: Helmuth von Glasenapp, Das Indienbild deutscher Denker, Stuttgart 1960.

42 Arthur Schopenhauer, Gespräche, a.a.O., S. 113. Ein kleiner, klassischer Text der Aufklärung, der den Gedanken von der »Perfektibilität des Menschengeschlechts« paradigmatisch gut illustriert, ist Lessings geschichtsphilosophische *Erziehung des Menschengeschlechts* (1780): Nach den Durchgangsstadien der Offenbarungswahrheiten des Alten und Neuen Testaments beginnt die »Zeit eines neuen ewigen Evangeliums«, die »Zeit der Vollendung«, das Endstadium der Vernunftwahrheit, in dem der aufgeklärte Mensch nunmehr ohne Strafandrohung und ohne Verheißungsmotiv einzig aufgrund eigener Erkenntnis das Gute tut, weil es das Gute ist. – Schopenhauer erhebt vor allem mit Blick auf Hegel, den er nur ansatzweise rezipiert, dagegen Einspruch, »die Weltgeschichte als ein planmäßiges Ganzes zu fassen« (W II, Kap. 38, 505 ff.).

43 In literarisch verrätselter Form stellt Nietzsche im *Zarathustra* seinen »abgründigsten Gedanken« von der ewigen Wiederkehr vor. Er schreibt dort: »Und diese langsame Spinne, die im Mondscheine kriecht, und dieser Mondschein selber, und ich und du im Thorwege, zusammen flüsternd, von ewigen Dingen flüsternd – müssen wir nicht Alle schon dagewesen sein?« (Friedrich Nietzsche, Also sprach Zarathustra, in: ders., Sämtliche Werke. Kritische Studienausgabe, hrsg. von Giorgio Colli/Mazzino Montinari, Bd. 4, München 1988, S. 200) Die Welt ist ein Kreislauf, der sich unendlich oft bereits wiederholt hat und der sein Spiel in infinitum spielt. Im Gegensatz zu Schopenhauer aber sagt Nietzsche »Ja« zur Gebundenheit an die Sinnlosigkeit der Welt, so wie sie unveränderbar ist. – Das Kreis-

Denken mit pessimistischen Zügen findet sich in der Neuzeit bereits bei Giambattista Vico (Grundzüge einer Neuen Wissenschaft über die Natur der Völker, 1725) und reicht bis in die Gegenwart, z.B. zu James Joyce (Finnegans Wake, 1939).

44 Xenophon, Das Gastmahl, übers. von Georg Peter Landmann, hrsg. von Ernesto Grassi, Hamburg 1957, S. 9.

45 Johann Wolfgang von Goethe, Italienische Reise, in: ders., Sämtliche Werke, a.a.O., Bd. 11, S. 436.

46 Xenophon, Erinnerungen an Sokrates, übers. von Rudolf Preiswerk, Stuttgart 1997. Vgl. hierzu den Brief Raffaels an den Grafen Baldassare Castiglione, Rom 1515, in: Künstlerbriefe über Kunst, hrsg. von Hermann Uhde-Bernays, Frankfurt/M./Zürich/Wien 1962, S. 19. Ferner: Johann Joachim Winckelmann, Geschichte der Kunst des Altertums. Winckelmanns Werke in einem Band, Berlin/Weimar 1969, S. 198 ff. Schopenhauer freilich widerspricht der Möglichkeit der empirischen Auffindung des Ideals bei Xenophon, vgl. W I, § 45, 263. Goethe zählt diesen § 45, in dem Schopenhauer die Auffassung einer Antizipation des Ideals – »wenigstens zur Hälfte *a priori*« – vertritt, zu den »bedeutendsten Stellen« von Schopenhauers Hauptwerk, vgl. Volker Spierling (Hg.), Materialien, a.a.O., S. 97.

47 Platon, Der Staat, 516 a (Höhlengleichnis).

48 Thomas Mann, Schopenhauer, in: Gerd Haffmans (Hg.), Über Arthur Schopenhauer, 3. Aufl., Zürich 1981, S. 88.

49 Heinrich Heine, Die Bäder von Lucca, in: ders., Werke, Bd. 2, hrsg. von Wolfgang Preisendanz, Frankfurt/M. 1968, S. 318.

50 Ders., Zur Geschichte der Religion und Philosophie in Deutschland, in: ders., Werke, Bd. 4, hrsg. von Helmut Schanze, a.a.O., S. 120.

51 Platon, Symposion, 210e-212a, übers. von Friedrich Schleiermacher, in: ders., Sämtliche Werke, hrsg. von Walter F. Otto/Ernesto Grassi/ Gert Plamböck, Bd. 2, Hamburg 1980, S. 239 f.

52 Max Horkheimer hebt als umwälzende philosophische Leistung hervor, dass Schopenhauer die Welt an sich nicht »vergottet« hat. Seit Platon und Aristoteles hat das europäische Denken daran festgehalten, vom Ewigen Sinn und Vorschrift für das vergängliche Leben herzuleiten: »Mit dem Allerrealsten, Besten und Mächtigsten in Einklang zu sein, konnte nur Gutes bringen. Die Philosophen suchten die Hoffnung zeitgemäßer, nämlich in menschlicher Vernunft, zu be-

gründen, die einst in der Autorität der Väter und der Offenbarung ihre Stütze hatte. Das ist die philosophische Überzeugung und zugleich die Funktion der Philosophie, mit der Schopenhauer gebrochen hat. Das allerhöchste, allerrealste Sein, das metaphysische Wesen, auf das die Philosophen aus der wechselnden Welt der seienden Dinge den Blick richten, ist nicht zugleich auch das Gute.« (Max Horkheimer, Die Aktualität Schopenhauers, in: Gerd Haffmans (Hg.), Über Arthur Schopenhauer, a.a.O., S. 153)

53 Vgl. Baruch Spinoza, Die Ethik nach geometrischer Methode dargestellt, übers. von Otto Baensch, Hamburg 1994, S. 287.

54 Schopenhauer gibt u.a. folgende markante Textstelle von Rousseau zustimmend wieder: »Es ist also ganz gewiß, daß das Mitleid ein natürliches Gefühl ist, welches in jedem Individuum die Liebe zu sich selbst mildert und dadurch zur wechselseitigen Erhaltung der ganzen Gattung beiträgt. Das Mitleid ist es, welches im Naturzustande alle Gesetze, Sitten und Tugenden ersetzt und dabei den Vorzug hat, daß keiner versuchen wird, seiner sanften Stimme ungehorsam zu sein; das Mitleid ist es, welches jeden rohen Wilden abhalten wird, einem schwachen Kinde oder einem hilflosen Greise seine mühsam erlangte Subsistenz zu rauben, solange er selbst hoffen kann, die seinige auf anderem Wege zu finden; das Mitleid ist es, welches statt jener erhabenen Maxime der vernunftmäßigen Gerechtigkeit: ›Behandle den andern, wie du willst, daß man dich behandle‹, allen Menschen jene andere, weniger vollkommene, aber vielleicht nützlichere Maxime der natürlichen Güte einflößt: ›Betreibe dein Wohlsein so, daß die andern möglichst wenig darunter leiden.‹ Mit einem Worte, *in diesem natürlichen Gefühl, viel mehr als in subtilen Argumenten, hat man die Ursache zu sehen für das Widerstreben, welches jeder Mensch empfindet, Böses zu tun*, ganz unabhängig von Grundsätzen der Erziehung.« (E, § 19, 247 – Vgl. Jean-Jacques Rousseau, Über den Ursprung der Ungleichheit unter den Menschen, in: ders., Schriften zur Kulturkritik, eingel., übers. und hrsg. von Kurt Weigand, Hamburg 1955, S. 169 ff.)

55 Selbst Schopenhauers Freunde und Anhänger haben Schwierigkeiten, sich über die Erlösungslehre zu verständigen. Ein wichtiger Punkt, der unklar bleibt, ist, was eigentlich erlöst wird. Dies kann z.B. der Brief von Johann August Becker an Adam von Doß vom 26.7.1852

illustrieren, der sich direkt auf das Zitat von der »Kreisbahn aus glühenden Kohlen« bezieht und in dem es heißt: »*Wer* ist der *er*, welcher so endet, *was* hat hier aufgehört und ist herausgetreten? Das Individuum? Der intelligible Charakter des Individuums? Der ganze einheitliche Wille selbst? Ueber die eigentliche Meinung des Meisters bin ich auch jetzt noch keineswegs im Klaren. Doch halte ich Ihre Auffassung für die richtige, nach welcher er bloß für das Individuum Erlösung hofft, natürlich nicht für das physische, erscheinende, sondern für das metaphysische Substrat, den intelligiblen Charakter oder die platonische Idee.« (Schopenhauer-Briefe. Sammlung meist ungedruckter oder schwer zugänglicher Briefe von, an und über Schopenhauer, hrsg. von Ludwig Schemann, Leipzig 1893, S. 505) Vgl. Ernst Otto Lindner/Julius Frauenstädt, Arthur Schopenhauer, a.a.O., S. 153; B, 483 sowie die wichtige Stelle P II, § 116, 242.

56 Ernst Otto Lindner/Julius Frauenstädt, Arthur Schopenhauer, a.a.O., S. 316.

57 Die Einleitung enthält einen heftigen Ausfall gegen »Hegels Philosophie des absoluten Unsinns (davon 3/4 baar und 1/4 in aberwitzigen Einfällen)« (N, 7). Schopenhauer schlägt vor, auf Hegels Schriften das Vignetten-Emblem eines Tintenfischs zu setzen, weil »der eine Wolke von Finsterniß um sich schafft, damit man nicht sehe was es sei« (N, 7).

58 Ernst Otto Lindner/Julius Frauenstädt, Arthur Schopenhauer, a.a.O., S. 368. Schopenhauer hält sich für den »Lavoisier der Philosophie« (ebenda, S. 367). Der Vergleich kommt nicht von ungefähr. Schopenhauer besitzt gründliche naturwissenschaftliche Kenntnisse auf der Höhe seiner Zeit, wie z.B. seine kritischen, kompetenten Randschriften zu den Vorlesungen des damals bedeutenden Chemikers Klaproth zeigen. Diese Randschriften, die zum handschriftlichen Nachlass gehören, liegen seit einiger Zeit zum ersten Mal vollständig veröffentlicht vor in: Martin Heinrich Klaproth, Chemie, nach der Abschrift von Arthur Schopenhauer nebst dessen Randbemerkungen, hrsg. von Brita Engel, Berlin 1993.

59 Hier knüpft Nietzsche mit seiner »Chemie der Begriffe und Empfindungen« an: »Alles, was wir brauchen und was erst bei der gegenwärtigen Höhe der einzelnen Wissenschaften uns gegeben werden kann, ist eine *Chemie* der moralischen, religiösen, ästhetischen Vorstellungen und Empfindungen, ebenso aller jener Regungen, welche wir im

Gross- und Kleinverkehr der Cultur und Gesellschaft, ja in der Einsamkeit an uns erleben: wie, wenn diese Chemie mit dem Ergebniss abschlösse, dass auch auf diesem Gebiete die herrlichsten Farben aus niedrigen, ja verachteten Stoffen gewonnen sind?« (Friedrich Nietzsche, Menschliches, Allzumenschliches I und II, in: ders., Sämtliche Werke, a.a.O., Bd. 2, S. 24)

60 Die Motivationslehre wird ausgeführt in: G, Kap. 7, E, Kap. III, 26-48 und VN I, Probevorlesung, 37-53.

61 Als »Bild und Gleichniß« sind auch christliche Ausdrücke zu verstehen, die Schopenhauer gelegentlich verwendet, z.B. »Reich der Gnade«. Er selbst kennt »keinen gnädigen Herrn« (B, 217). Auch philosophische Abstrakta, die Schopenhauer explizit der Einfachheit halber verwendet, z.B. »Substanz« und »Akzidens« (vgl. W II, Kap. 19, 225), versteht er wegen des Vorrangs der Anschauung gegenüber dem Begriff eher behelfsmäßig, gleichnishaft. (Vgl. B, 283 f.) In diesem Zusammenhang bekommt Schopenhauers eher am Rande seiner Werke stehender Satz eine radikale sprachphilosophische Bedeutung: »Alle Begriffsbildung [beruht] im Grunde auf Gleichnissen.« (P II, § 289, 584) Einerseits weist dieser Satz zurück auf die antike Diskussion über die grundlegende, keinesfalls nur schmückende Bedeutung der Metapher für die Erkenntnis, z.B. bei Aristoteles. (Vgl. P II, § 289, 585) Andererseits weist er voraus, etwa auf sprachphilosophische Reflexionen in Nietzsches kleinem Text *Über Wahrheit und Lüge im außermoralischen Sinn*, in dem es heißt: »Was ist also Wahrheit? Ein bewegliches Heer von Metaphern, Metonymien, Anthropomorphismen.« (Friedrich Nietzsche, Sämtliche Werke, a.a.O., Bd. 1, S. 880)

62 Franco Volpi hat eine Urfassung der Aphorismen rekonstruiert: Arthur Schopenhauer, Die Kunst, glücklich zu sein. Dargestellt in fünfzig Lebensregeln, hrsg. von Franco Volpi, München 1999. Zur Entstehungsgeschichte und Einbettung ins Gesamtwerk vgl.: Volker Spierling, Grundlinien der Philosophie Schopenhauers. Eine neue Sicht der »Aphorismen zur Lebensweisheit«, in: Deutsch-Italienische-Studien, Bd. 11, hrsg. von Luigi Cotteri, Meran 1989, S. 1-21.

63 Vgl. Volker Spierling, Schopenhauers furchtbare Wahrheit, in: ders. (Hg.), Schopenhauer im Denken der Gegenwart, a.a.O., S. 30 ff.; ders., Arthur Schopenhauer. Eine Einführung in Leben und Werk, a.a.O., S. 63-67, 223-238.

64 Sigmund Freud, Vorlesungen zur Einführung in die Psychoanalyse, 18. Vorlesung (1917), in: ders., Studienausgabe, Bd. I, hrsg. von Alexander Mitscherlich u.a., 2. Aufl., Frankfurt/M. 1970, S. 283 f.

65 Freud schreibt: »Es sind namhafte Philosophen als Vorgänger anzuführen, vor allen der große Denker *Schopenhauer*, dessen unbewußter ›Wille‹ den seelischen Trieben der Psychoanalyse gleichzusetzen ist.« (Sigmund Freud, Eine Schwierigkeit der Psychoanalyse (1917), in: ders., Gesammelte Werke, Bd. XII, London 1947, S. 12)

66 Sextus Empiricus, Adversus mathematicos, IX, 78-80, in: Max Pohlenz, Stoa und Stoiker. Die Gründer Panaitios und Poseidonios, Zürich/Stuttgart 1950, S. 287. Die organische Einheit der Welt und die »Sympathie« ihrer Teile sind im Zusammenhang mit der Heimarmene (Schicksal) bereits in der alten Stoa bekannt. Sie kommen aber erst in der Welterklärung von Poseidonios voll zur Geltung.

67 Vgl. Schopenhauers Begriff der Sympathie: W II, Kap. 47, 691.

68 Shaftesbury, Die Moralisten. Eine philosophische Rhapsodie (1709, dt. 1745), übers. von Karl Wollf, Jena 1910, S. 101.

69 Zu Einheit und Vielheit der Dinge vgl. W I, § 23, 134 und § 25, 151 ff.; E, § 22, 268 ff.

70 Platon nennt z.B. die Naturphilosophie des »Timaios« einen »Mythos«. In diesem Dialog bekommt die Welt vom Weltbaumeister eine Weltseele und wird dadurch zu einem großen, unsterblichen Lebewesen, zu einem vernunftbegabten Organismus, gestaltet. Der ganze Kosmos wird in dem rätselhaften Dialog, der anthropomorphe Züge trägt, ethisiert. Kein Werk Platons hat eine so mächtige Wirkungsgeschichte gehabt wie der »Timaios«, der enthusiastisch mit dem Satz ausklingt: »Diese Welt ist ein sichtbares lebendiges Wesen geworden, das alles Sichtbare umfaßt, ein Bild des Schöpfers, ein sinnlich wahrnehmbarer Gott, der mächtigste und schönste – eben diese eine und eingeborene Welt.« (Platon, Timaios, 92c, übers. von Otto Apelt, in: Platon, Sämtliche Dialoge, hrsg. von Otto Apelt, Bd. 6, Hamburg 1988, S. 142.) Die europäische Traditionslinie des Timaios, Platons Lobgesang auf die göttliche Herrlichkeit des Kosmos, wird durch Schopenhauers Makranthropos, der die menschliche »Dunkelheit des Lebens« (VN IV, Kap. 9, 273) leidvoll zum Ausdruck bringt, radikal umgewertet. – Eine aktuelle gründliche Arbeit über die Bedeutung Platons für die Philosophie Schopenhauers wäre verdienstvoll.

71 Wirkungsgeschichtliche Einflüsse aus der Neuzeit stammen möglicherweise direkt oder indirekt von so unterschiedlichen Autoren wie: Agrippa von Nettesheim (De occulta philosophia, 1510), Paracelsus (Das Buch Paragranum, entst. 1530), Johann Gottfried Herder (Vom Erkennen und Empfinden der menschlichen Seele, 1778), Goethe (Wilhelm Meisters Wanderjahre, 1829), Novalis. Bei Paracelsus heißt es: »dan der himel ist der mensch und der mensch ist der himel und alle menschen ein himel und der himel nur ein mensch.« (Das Buch Paragranum, in: ders., Sämtliche Werke, hrsg. von Karl Sudhoff/Wilhelm Matthiessen, I. Abteilung, Bd. 8, München 1924, S. 100) Vielleicht führt auch eine Spur zu Swedenborg, den Kant in seinen *Träumen eines Geistersehers, erläutert duch Träume der Metaphysik* (1766) als »Erzphantast unter allen Phantasten« kritisiert, den Goethe jedoch zu seinen »heimlichen Lieben« zählt. Swedenborg schreibt: »Daß der gesamte Himmel einen Menschen darstellt und daher der Großmensch genannt wird, [...] ist ein in der Welt noch nicht bekanntes Geheimnis.« (Emanuel Swedenborg, Die Erdkörper in unserem Sonnensystem, welche Planeten genannt werden [...], Stuttgart 1875, S. 11)

72 Zu den besonders geschätzten Büchern Schopenhauers gehört das *Oupnek'hat*, eine Sammlung der Upanishaden. Vgl. die erste deutsche Übersetzung: Versuch einer neuen Darstellung der uralten indischen All-Eins-Lehre [...], übers. von Thaddae Anselm Rixner, Nürnberg 1808, Kap. XIV, S. 143-160. Einen Textauszug des weitgehend unbekannten Buchs bringt das Stichwort »Oupnekhat«, in: Volker Spierling, Schopenhauer-ABC, a.a.O., S. 165-169.

73 Hier setzt in der Schopenhauer-Literatur der vielfach geäußerte Vorwurf ein, dass Schopenhauer eine fantastische dichterische Anthropomorphisierung, also eine Vermenschlichung, der Natur vornimmt. Ein Vorwurf, der bis zu Arnold Gehlens Diktum über Schopenhauers »Phantasie-Physik« reicht. Den Anthropomorphismus-Vorwurf erhebt z.B.: Rudolf Haym, Arthur Schopenhauer, Berlin 1864, S. 51. Ihm widerspricht entschieden: Paul Salzsieder, Die Auffassungen und Weiterbildungen der Schopenhauerschen Philosophie, Leipzig 1928, S. 347. Julius Frauenstädt stellt nach dem Tod Schopenhauers die verschiedenen Gesichtspunkte der Kritiker dar, verwirft sie und sucht gleichwohl nach einer eigenen angemessenen Kritik. Vor allem im

Hinblick auf die Erlösungslehre schreibt er: »Der Weltwille handelt wie ein Mensch [...]. Dies ist allerdings unphilosophischer *Anthropomorphismus.*« (Julius Frauenstädt, Neue Briefe über die Schopenhauer'sche Philosophie, Leipzig 1876, S. 121; vgl. S. 25-33 und 117-121) Nietzsche schlägt sich in diesem Streit auf die Seite der Kritiker: »Schopenhauer concipirt die Welt als einen ungeheuren Menschen [...]. Und dies ist der Werth solcher Metaphysiker wie Schopenhauer: sie versuchen ein Weltbild: nur ist Schade, daß es die Welt in einen Menschen verwandelt: man möchte sagen, die Welt ist Schopenhauer im Großen. Das ist eben nicht wahr.« (Friedrich Nietzsche, Nachgelassene Fragmente 1875-1879, in: ders., Sämtliche Werke, a.a.O., Bd. 8, S. 413) Zur Kritik an Schopenhauers Vermenschlichung der Kosmologie vgl. auch Heinz Heimsoeth, Lebensphilosophie und Metaphysik, in: ders., Studien zur Philosophiegeschichte, Kantstudien Ergänzungshefte 82, Köln 1961, S. 45 ff., 52 ff. Heimsoeth hebt in Übereinstimmung mit Heinrich Rickert hervor: »Nicht die Welt lebt, sondern in der Welt ist Leben, das lebt.« (A.a.O., S. 55)

74 Auch Platon vergleicht den Menschen mit einem Mischwesen, mit einer Chimäre. Vgl. Platon, Der Staat, 588b-590a (9. Buch).

Literaturhinweise

Die folgenden Angaben beschränken sich der besseren ersten Orientierung wegen auf eine kleine Auswahl, die kommentiert vorgestellt wird. Eine ausführliche Bibliographie enthält der Anhang in: Volker Spierling, Arthur Schopenhauer. Eine Einführung in Leben und Werk, Leipzig 1998.

1. Werke, Nachlass, Briefe

Mittlerweile gibt es einige Schopenhauer-Ausgaben. Die bekanntesten sind die von Julius Frauenstädt, Eduard Grisebach, Paul Deussen, Arthur Hübscher, Wolfgang Frhr. von Löhneysen und Ludger Lütkehaus. Für die Schopenhauer-Forschung ist keine einzige verbindlich und keine einzige ausreichend. Mit jeder dieser Ausgaben aber lässt sich innerhalb ihrer Grenzen und Zielsetzungen gut arbeiten.

Für die vorliegende Einführung, die alle Schriften von Schopenhauer und nach Möglichkeit auch wichtige Erstauflagen vorstellt, bieten sich die von Hübscher herausgegebenen *Sämtlichen Werke* an, vor allem weil sie Schopenhauers Dissertation von 1813 in der ursprünglichen Fassung der ersten Auflage enthalten. Diese Ausgabe umfasst außerdem die lateinische Fassung der veränderten Farbenlehre von 1830 einschließlich Übersetzung. Von allen derzeit erhältlichen Ausgaben ist die von Hübscher die umfassendste. (Hier ist nicht die im Umfang reduzierte Zürcher Ausgabe in zehn Taschenbüchern gemeint, in der G1, F und C fehlen.) Diese Vollständigkeit, die nur noch von der alten Deussen-Ausgabe (trotz ihrer definitiven Unabgeschlossenheit) übertroffen wird, ist einer ihrer Vorteile.

Einer der Nachteile der Hübscher Ausgabe aber ist, dass Hübscher handschriftliche Zusätze von Schopenhauer, die dieser sich zur potenziellen Verwendung für weitere Auflagen notiert, eigenmächtig in die

Werke eingearbeitet hat – als könnte der Herausgeber Hübscher ganz genau wissen, welche dieser Notizen bei einer Neuauflage Schopenhauer selbst verwendet hätte und welche nicht und vor allem in welcher endgültigen Formulierung. Gleichwohl sind diese Zusätze von Hübscher in einem Anhang als Zusätze ausgewiesen, leider aber nicht im Haupttext, z.B. durch einen anderen Schriftcharakter. Dort bilden die integrierten Zusätze ein einheitliches, geschlossenes Schriftbild und suggerieren schon optisch ein authentisches Ganzes.

Für ein gründliches Schopenhauer-Studium ist die Ausgabe von Ludger Lütkehaus eine unverzichtbare Ergänzung und Hilfe. Sie versammelt auf das Sorgfältigste und mit bewusster editorischer Zurückhaltung die Schriften der jeweils letzten, von Schopenhauer selbst besorgten Auflage. Diese Ausgaben letzter Hand sind ja im Hinblick auf die jeweiligen Zeitpunkte ihres Erscheinens von Schopenhauer autorisiert. Leider muss bei diesem formalen editorischen Prinzip z.B. die inhaltlich wichtige erste Auflage der Dissertation (G1) herausfallen. Auch gehen nunmehr alle handschriftlichen Notizen, die ja nicht nichts sind, gänzlich verloren. Die Lütkehaus-Ausgabe, so begrüßenswert sie auch als notwendiges Korrektiv ist, ist als Ausgabe allein nicht ausreichend. Dies gilt, wie bereits gesagt, auch für die Hübscher-Ausgabe sowie für die anderen Ausgaben.

Es bleibt für die Schopenhauer-Forschung unumgänglich, auch auf Erstauflagen zurückzugreifen, insbesondere auf G1 und W I. Ein schöner Faksimiledruck der ersten Ausgabe von W I aus dem Jahr 1819 ist 1987 in Frankfurt/M. erschienen. Die Textfassung der Erstauflage von W I enthält auch die Ausgabe von Ludwig Berndl, München 1912.

Die bislang vielleicht beste Edition von Schopenhauers Hauptwerk (W I und W II), die aber leider in Vergessenheit geraten ist, ist die von Otto Weiß, Leipzig 1919. Diese herausragende Edition bietet das Hauptwerk mit einem vorbildlichen, sehr ausführlichen Apparat an. Sie wird im Anhang durch mannigfaltige Hinweise, Quellen und Originalzitate, selbst in Sanskrit, bereichert. Die beiden Bände haben einen Gesamtumfang von ca. 2100 Seiten.

Im Folgenden werden Werke, Nachlass und Briefe, nach denen zitiert wird, aufgeführt und mit Siglen versehen.

Arthur Schopenhauer, Sämtliche Werke, hrsg. von Arthur Hübscher, 7 Bde., 3. Aufl., Wiesbaden 1972. (Nach der ersten, von Julius Frauenstädt besorgten Gesamtausgabe neu bearb.)

G	Ueber die vierfache Wurzel des Satzes vom zureichenden Grunde (Werke, Bd. I)
F	Ueber das Sehn und die Farben (Werke, Bd. I)
C	Theoria colorum (Werke, Bd. I; übers. in: Werke, Bd. VII)
W I	Die Welt als Wille und Vorstellung, Bd. I (Werke, Bd. II)
W II	Die Welt als Wille und Vorstellung, Bd. II (Werke, Bd. III)
N	Ueber den Willen in der Natur (Werke, Bd. IV)
E	Die beiden Grundprobleme der Ethik (Werke, Bd. IV)
P I	Parerga und Paralipomena (Werke, Bd. V)
P II	Parerga und Paralipomena (Werke, Bd. VI)
G1	Ueber die vierfache Wurzel des Satzes vom zureichenden Grunde (1. Auflage von 1813) (Werke, Bd. VII)

Arthur Schopenhauer, Philosophische Vorlesungen. Aus dem handschriftlichen Nachlaß, hrsg. und eingel. von Volker Spierling, 4 Bde., 2. Aufl., München 1987-1990. (Die ungekürzte Ausgabe folgt den Bänden IX und X der Deussen-Ausgabe, hrsg. von Franz Mockrauer, München 1913.)

VN I	Theorie des gesammten Vorstellens, Denkens und Erkennens (Bd. I)
VN II	Metaphysik der Natur (Bd. II)
VN III	Metaphysik des Schönen (Bd. III)
VN IV	Metaphysik der Sitten (Bd. IV)

Arthur Schopenhauer, Der handschriftliche Nachlaß, hrsg. von Arthur Hübscher, 5 Bde. in 6, Frankfurt/M. 1966-1975 (unveränderter Nachdruck: München 1985).

HN I	Frühe Manuskripte 1804-1811 (Bd. I)
HN II	Kritische Auseinandersetzungen 1809-1818 (Bd. II)
HN III	Berliner Manuskripte 1818-1830 (Bd. III)
HN IV 1	Die Manuskriptbücher der Jahre 1830-1852 (Bd. IV, 1)
HN IV 2	Letzte Manuskripte/Gracians Handorakel (Bd. IV, 2)
HN V	Randschriften zu Büchern (Bd. V)

B	Arthur Schopenhauer, Gesammelte Briefe, hrsg. von Arthur Hübscher, 2. Aufl., Bonn 1987.

Arthur Schopenhauer, Der Briefwechsel, Briefe von und an Schopenhauer, 3 Bde. innerhalb der Ausgabe Arthur Schopenhauers sämtliche Werke, hrsg. von Paul Deussen, Bde. XIV-XVI.

BW I Bd. I (1799-1849), hrsg. von Carl Gebhard, München 1933

BW II Bd. II (1849-1860), hrsg. von Arthur Hübscher, München 1933

BW III Bd. III (Nachträge), hrsg. von Arthur Hübscher, München 1942

R Arthur Schopenhauer, Die Reisetagebücher, hrsg. von Ludger Lütkehaus, Zürich 1988.

2. Biografien

Wilhelm v. Gwinner, Schopenhauers Leben, 3. Aufl., Leipzig 1910. – Immer noch *die* klassische Schopenhauer-Biografie mit viel Quellenmaterial, das auch in philosophischer Hinsicht aufschlussreich ist. Es gibt mehrere, z.T. aber auch gekürzte und dadurch in ihrer Bedeutung geminderte Auflagen.

Rüdiger Safranski, Schopenhauer und Die wilden Jahre der Philosophie, München/Wien 1987. – Gut lesbare Biografie, die vor dem geistes- und kulturgeschichtlichen Hintergrund des 19. Jahrhunderts Leben und Denken in erhellender Weise aufeinander zu beziehen versteht. Die philosophisch wirklich schwierigen Sachverhalte, wie z.B. die Ambivalenzen, die Widersprüchlichkeiten, werden allerdings nicht ernsthaft angepackt.

3. Hilfsmittel

Volker Spierling, Schopenhauer-ABC, Leipzig 2003. – Kleines Wörterbuch zu Leben und Werk in 360 Stichwörtern. Wichtige Grundbegriffe werden eingehend erläutert.

Gustav Friedrich Wagner, Schopenhauer-Register, neu hrsg. von Arthur Hübscher, Stuttgart-Bad Cannstatt 1982. – Das »Encyklopädische Register« ist ein umfassendes Nachschlagewerk zu allen wesentlichen

Namen und Begriffen, die in Schopenhauers Werken und einem Teil seines Nachlasses vorkommen. Das Besondere an dem Buch ist, dass es entgegen der formalen Bezeichnung »Register« meist sehr kurze *inhaltliche* Angaben zu den mehr als 6000 Stichwörtern macht. Die genannten Stellen sind mit der von Frauenstädt bzw. von Hübscher herausgegebenen Schopenhauer-Ausgabe leicht auffindbar.

4. Gesamtdarstellungen

Ernst Cassirer, Schopenhauer, in: ders., Das Erkenntnisproblem, Bd. III, Darmstadt 1971, S. 411-446. – Eine grundsätzliche, die Rezeption noch immer herausfordernde Kritik an Schopenhauer. Der Text arbeitet kurz und prägnant Unvereinbarkeiten und Zirkelstrukturen in Hinblick auf Schopenhauers Transzendentalphilosophie, Physiologie und Metaphysik heraus. Schopenhauer bleibt demnach in seinem methodischen Selbstverständnis in einer »eigentümlichen Selbsttäuschung« befangen. »Die Vereinigung Kants und Goethes bildet auch für Schopenhauers Erkenntnistheorie, wie für das Ganze seiner Weltsicht, ein bestimmendes Motiv.«

Margot Fleischer, Schopenhauer, Freiburg/Basel/Wien 2001. – Eine kürzere, dennoch gründliche und gut lesbare Einführung, in deren Zentrum aber lediglich der erste Band von Schopenhauers Hauptwerk steht.

Heinrich Hasse, Schopenhauer, München 1926. – Nach wie vor eine der besten Gesamtdarstellungen. Thematisiert werden auch die Schwankungen und Verschiebungen der idealistischen Grundansicht. Die Einheit des Systems erscheint hier als ein »Zwitter« von Idealismus und Realismus, dessen unversöhnlicher Zwiespalt nur durch eine kompromisslose Entscheidung entweder im idealistischen oder im realistischen Sinn aufgelöst werden kann. »Die Rechtfertigung der Metaphysik als solcher gehört zu Schopenhauers unvergänglichen Leistungen.«

Volker Spierling, Arthur Schopenhauer. Philosophie als Kunst und Erkenntnis, Frankfurt/M. 1994. (Titel der Taschenbuchausgabe: Arthur Schopenhauer. Eine Einführung in Leben und Werk, Leipzig 1998) – Eine Gesamtdarstellung auf der Grundlage aller Schriften und des vollständigen Nachlasses einschließlich der Vorlesungen. Das Schlusskapitel versucht eine Rekonstruktion des von Schopenhauer intendierten Gedankenorganismus. Die »Rekonstruktion will zum einen zeigen, daß die Philosophie Schopenhauers *im ganzen* ambivalent, ja, von einer eigentümlichen Widersprüchlichkeit ist, zum anderen, daß diese durchgängige, schwer zu vermittelnde Zweideutigkeit begründet ist und einer eingeschriebenen, impliziten Logik folgt. Die Berücksichtigung dieser Ambivalenz soll dazu beitragen, die Komplexität des Gesamtwerks ausgewogener und gerechter beurteilen zu können.« Die eingeschriebene Logik wird an drei grundlegenden, systematisch aufeinander aufbauenden Standpunktwechseln festgemacht, die »Drehwenden« genannt werden.

Johannes Volkelt, Arthur Schopenhauer. Seine Persönlichkeit, seine Lehre, sein Glaube, Stuttgart 1900. – Umfassende Darstellung, in der Schopenhauer als ein Philosoph des Irrationalismus gesehen wird: »Das Urwesen ist allen Vernunftformen entrückt. Intelligenz und Logik sind bloße Oberflächengebilde. In den Tiefen der Welt lebt und schafft ein Ungeheuer rein triebhafter Natur.« Schopenhauers Philosophie wird insgesamt als »Synthese von Kantischem Subjektivismus und Spinozisch-Schellingischer All-Einheits-Lehre« charakterisiert.

Peter Welsen, Schopenhauers Theorie des Subjekts. Ihre transzendentalphilosophischen, anthropologischen und naturmetaphysischen Grundlagen, Würzburg 1995. – Die drei Teile des Buchs handeln von »Kants Theorie des Subjekts«, »Schopenhauers Kritik an Kant« und »Schopenhauers Theorie des Subjekts«. Die anspruchsvolle Arbeit geht auf das ambivalente Verhältnis Schopenhauers zu Kant differenziert und umfassend ein. Die thematischen Schwerpunkte sind Erkenntnistheorie und Naturphilosophie. Die Untersuchung intendiert, Schopenhauers Texte in ihrer »gesamten Komplexität zur Kenntnis zu nehmen, zu interpretieren und auf ihre Stichhaltigkeit zu überprüfen«.

5. Zur Wirkungsgeschichte und Schopenhauer-Rezeption

Gerd Haffmans (Hg.), Über Arthur Schopenhauer, 3. Aufl., Zürich 1981. – Der Textband enthält im ersten Teil Essays u.a. von Friedrich Nietzsche, von Thomas Mann und von Max Horkheimer. Der zweite Teil bringt über hundert Zeugnisse von Goethe bis in die jüngste Zeit.

Paul Salzsieder, Die Auffassungen und Weiterbildungen der Schopenhauerschen Philosophie, Leipzig 1928. – Der Autor intendiert, »den Wandel in den Auffassungen der Schopenhauerschen Philosophie zu zeichnen und die Positionen aufzuweisen, die man an ihr im Laufe der Zeit als weiterbildungsfähig und weiterbildungsnotwendig erachtet hat«. Das Buch gliedert sich in: »Die idealistische Auffassung und Weiterbildung« (eine Position, die z.B. Paul Deussens vertritt), »Schopenhauer als Übergangserscheinung« (z.B. Adolph Cornill), »Die realistische Auffassung und Weiterbildung« (einzig Julius Frauenstädt), »Die Auffassungen und Weiterbildungen unter Vorherrschaft des Willenselements« (z.B. Eduard von Hartmann, Friedrich Nietzsche), »Die irrationalistische Auffassung« (z.B. Johannes Volkelt), »Schopenhauer als Romantiker« (z.B. Karl Joël). Es folgt auf hundert Seiten sukzessive eine »Kritik dieser Auffassungen«.

Volker Spierling (Hg.), Materialien zu Schopenhauers »Die Welt als Wille und Vorstellung«, Frankfurt/M. 1984. – Sämtliche Materialien sind ausführlich kommentiert. Der historische Teil dokumentiert die Rezeption zu Lebzeiten Schopenhauers sowie dessen eigene Verteidigung gegen kritische Einwände, die in Rezensionen oder Preisschriften gegen ihn erhoben werden. Der systematische Teil sucht mit Textauszügen der älteren und neueren Sekundärliteratur zentrale Problemstellen zu erhellen: die Antinomie des Erkenntnisvermögens, die Erkennbarkeit und Bestimmbarkeit des Dings an sich und den Materiebegriff. Thema der Einleitung sind die durch Schopenhauer verschärften »Kränkungen« der Neuzeit, seine Methode, die der Herausgeber als »Kopernikanische Drehwende« charakterisiert, sowie Überlegungen zu »Abwegen der Rezeption«.

Ders. (Hg.), Schopenhauer im Denken der Gegenwart. 23 Beiträge zu seiner Aktualität, München 1987. – Der Band versammelt Originalbeiträge von namhaften Autoren bzw. Künstlern aus Philosophie, Wissenschaft, Literatur und Musik.

Zeittafel

1788	Arthur Schopenhauer wird am 22. Februar in Danzig geboren. Sein Vater ist der Großkaufmann Heinrich Floris Schopenhauer, seine Mutter die (spätere) Reise- und Romanschriftstellerin Johanna Schopenhauer, geb. Trosiener.
1793	Übersiedlung der Familie nach Hamburg.
1797	Geburt der Schwester Adele.
1797-99	Frankreichaufenthalt bei der Familie Grégoire de Blésimaire in Le Havre.
1799	Eintritt in die angesehene Privatschule von Runge in Hamburg.
1800	Dreimonatige Reise mit den Eltern. Festgehalten in: *Journal einer Reise von Hamburg nach Carlsbad, und von dort nach Prag; Rückreise nach Hamburg.*
1803-04	Große Bildungs- und Vergnügungsreise mit den Eltern durch Holland, England, Frankreich, die Schweiz, Österreich, Preußen. Festgehalten in: *Reisetagebücher aus den Jahren 1803-1804.*
1805	Kaufmannslehre in Hamburg. Tod des Vaters.
1806	Johanna Schopenhauer eröffnet in Weimar einen viel beachteten literarischen Salon.
1807-09	Abbruch der Kaufmannslehre. Gymnasialunterricht in Gotha und Weimar.
1809	Das ausbezahlte väterliche Erbe sichert lebenslange finanzielle Unabhängigkeit.
1809-11	Studium der Medizin und dann der Philosophie an der Universität Göttingen, u.a. bei Gottlob Ernst Schulze.
1811-13	Fortsetzung des Studiums der Philosophie an der Universität Berlin, u.a. bei Fichte, Schleiermacher und Wolf. Außerdem Fortsetzung der vielseitigen natur- und geisteswissenschaftlichen Studien.
1813	Promotion zum Dr. phil. durch die Universität Jena mit der

Dissertation *Ueber die vierfache Wurzel des Satzes vom zureichenden Grunde*. Erste Begegnung mit Goethe, der Schopenhauer mit seiner Farbenlehre vertraut macht. Der Orientalist Friedrich Majer erschließt Schopenhauer die altindische Philosophie der Veden.

1814 Weitere Begegnungen mit Goethe. Bruch mit der Mutter. Schopenhauer siedelt nach Dresden um.

1816 *Ueber das Sehn und die Farben.*

1818-19 Italienreise.

1819 *Die Welt als Wille und Vorstellung*, erster Band. Das Hauptwerk trägt die Jahreszahl 1819, erscheint aber schon im Dezember 1818. Schopenhauers erste Tochter wird geboren. Das uneheliche Kind von einer Dresdner Kammerzofe stirbt nach wenigen Monaten.

1820 Habilitation an der Universität Berlin unter Mitwirkung Hegels. Probevorlesung *Über die vier verschiedenen Arten der Ursachen*. Im Sommersemester die einzig gehaltene *Vorlesung über Die gesammte Philosophie d. i. Die Lehre vom Wesen der Welt und von dem menschlichen Geiste.*

1821 Liebesbeziehung zu Caroline Richter, Chorsängerin und Schauspielerin.

1822-23 Zweite Italienreise.

1823 Schwere Krankheit. Ohrenleiden, Depressionen.

1825 Prozess wegen Körperverletzung der Näherin Caroline Marquet. Erfolgloser Versuch, weitere Vorlesungen abzuhalten.

1830 *Theoria colorum*, die lateinische Fassung der überarbeiteten Farbenlehre.

1831 Flucht aus Berlin wegen der Cholera.

1832 Übersetzung von Baltasar Graciáns *Hand-Orakel und Kunst der Weltklugheit* aus dem Spanischen.

1833 Endgültige Niederlassung in Frankfurt/M. Es folgen Jahre der Zurückgezogenheit und Einsamkeit. In den frühen Frankfurter Jahren wird die zweite uneheliche Tochter geboren, die auch nur kurze Zeit lebt.

1836 *Ueber den Willen in der Natur.*

1838 Tod der Mutter.

1841 Unter dem gemeinsamen Titel *Die beiden Grundprobleme der*

Ethik erscheinen die beiden Preisschriften *Ueber die Freiheit des menschlichen Willens* (1839 preisgekrönt von der Norwegischen Gesellschaft der Wissenschaften) und *Ueber das Fundament der Moral* (nicht preisgekrönt von der Dänischen Gesellschaft der Wissenschaften).

1844 Der zweite Band der *Welt als Wille und Vorstellung* wird zum ersten Mal veröffentlicht, der erste erscheint in einer vermehrten Neuauflage.

1847 Zweite, vermehrte Auflage der Dissertation *Ueber die vierfache Wurzel des Satzes vom zureichenden Grunde.*

1848 Während der Revolution steht Schopenhauer auf der Seite der Regierung und plädiert für die Aufrechterhaltung der gesetzlichen Ordnung.

1849 Tod der Schwester.

1851 *Parerga und Paralipomena*, zwei Bände. In seinem letzten Lebensjahrzehnt findet Schopenhauer vielfache Beachtung, z.B. durch Rezensionen (John Oxenford), Publikationen (Julius Frauenstädt), Widmungsschreiben (Richard Wagner), Porträts (Lunteschütz), Besucher (Friedrich Hebbel).

1854 Jeweils zweite, vermehrte Auflage der Abhandlungen *Ueber den Willen in der Natur* sowie *Ueber das Sehn und die Farben.*

1856 Die Universität Leipzig schreibt eine Preisfrage aus: »Darlegung und Kritik der Schopenhauerschen Philosophie«.

1857 Erste Vorlesungen über Schopenhauer in Bonn und Breslau.

1859 Dritte, vermehrte Auflage der *Welt als Wille und Vorstellung.*

1860 Zweite, vermehrte Auflage der *Beiden Grundprobleme der Ethik.* Schopenhauer stirbt am 21. September in Frankfurt/M.

Volker Spierling, geb. 1947 in Frankfurt/M., Studium der Philosophie und Pädagogik, Promotion über Schopenhauer, lebt als wissenschaftlicher Publizist und Dozent für Philosophie in Tübingen.
Buchveröffentlichungen u. a.: Materialien zu Schopenhauers »Die Welt als Wille und Vorstellung« (1984); Arthur Schopenhauer, Philosophische Vorlesungen (4 Bde., 1984 ff.); Schopenhauer im Denken der Gegenwart. 23 Beiträge zu seiner Aktualität (1987); Arthur Schopenhauer. Eine Einführung in Leben und Werk (1998); Schopenhauer-ABC (2003); Kleine Geschichte der Philosophie. Große Denker von der Antike bis zur Gegenwart (Erweiterte Neuausgabe 2004).

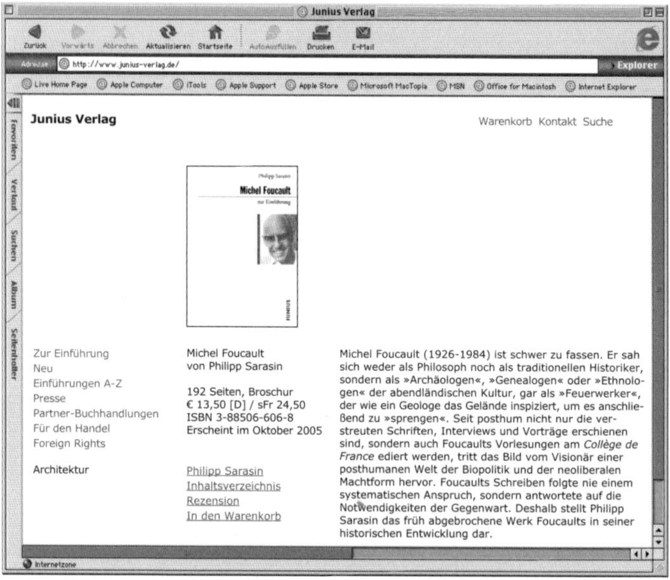

www.junius-verlag.de:

- 140 Bände
- Inhaltsverzeichnisse
- Autoreninfos
- Rezensionen
- Junius-Buchhandlungen

JUNIUS Zur Einführung